KB000286

ON DOING NOTHING

On Doing Nothing

by Roman Muradov

First published in English by Chronicle Books LLC, San Francisco, California.

실은

무언가를 하고 있는 고양이처럼

○

때론 아무것도 하지 않는 것이
더 괜찮은 이유

로만 무라도프 지음
정영은 옮김

아무것도 하지 말아야 할 이유는 없다.

하지만 그렇게 치면

사랑에 빠질 이유도, 단풍잎을 모아야 할 이유도 없다.

프롤로그

나는 오늘 아무것도 쓰지 않았다

1937년 11월 9일, 러시아의 시인이자 극작가 다닐 하름스 Daniil Kharms는 이렇게 썼다.

"나는 오늘 아무것도 쓰지 않았다. 상관없다."

사실 하름스는 아무것도 쓰지 않은 게 아니다. 그는 "나는 오늘 아무것도 쓰지 않았다. 상관없다"는 문장을 썼다.

무엇이 상관없다는 걸까? 아무것도 쓰지 않았다는 것이? 아니면 그가 쓴 '아무것도 아닌 것'이? 어차피 상관없다면 왜 그런 문장을 쓴 걸까?

전하는 이야기에 따르면, 다닐 하름스가 살던 상트페테르부르크의 아파트에는 전선과 나사가 어지럽게 뒤엉켜 있는 방이 하나 있었다고 한다. 사람들이 대체 방 안에 늘어놓은 것들이 뭐냐고 물으면, 하름스는 기상천외한 기계를 하나 만들고 있다며 완성 후 작동하는 모습을 보면 깜짝 놀랄 거라고 답했다. 사람들이 그 기계가 대체 뭘 하느냐고 묻자 하름스는 이렇게 말했다. "아무것도 아니에요."

이 책은 말 그대로 '아무것도 하지 않는 것'에 대한 책이 아니다. '특정 목적을 가진 일은 아무것도 하지 않는 것', 그 대신 '아무것도 아닌 일을 하는 것'에 대한 책이다. 둘의 차이는 행위에 있다. 단순히 빈둥거리는 것과 달리, 아무것도 아닌 일을 하는 데는 인내와 각성이 필요하다. 이를 실천한 이들은 시공간을 뛰어넘어 다양한 시대와 지역에서 찾아볼 수 있다. 이들은 언어와 성별, 계층에 관계없이 존재했다. 자신을 둘러싼 상황이나 환경을 변화시키기 위해 할 수 있는 일은 그다지 많지 않다. 그러나 숨 막힐 것 같은 상황 속에서도 정신만은 얼마든지 자유롭게 움직일 수 있다.

아무것도 아닌 일을 한다는 것은 하루가 각종 업무와 의무로 채워지지 않은 이들에게만 허락된 특권이 아니다. 별다른 목적 없는 생각에 몰두하는 데는 많은 것이 필요치 않다. 그것은 우리의 정신을 미묘한 변화와 파장에 맞춰 조율하는 것이다. 우리 마음속에 그러한 변화와 파장이 도래했음을 인식하고, 자신이 선택한 방식으로 그것을 풀어내면 그만이다. 잠깐 동안의 산책이든 그림 그리기이든 말이다.

그럼에도 아무것도 아닌 일을 하는 것은 의외로 힘든 일이다. 게다가 그 장점은 불분명하고 단점은 명확하다. 특히 삶 자체보다는 삶을 구성하는 일들을 더 중요하게 생각하는, 인간이 늘 이 세상을 개선해야 한다고 믿는 사회에서는 불안감을 줄 수밖에 없다. 매일 처리해야 할 일에 치이다 보면 오히려 짬이 날 때 불안감을 느끼게 된다.

아무것도 하지 말아야 할 이유도, 아무것도 아닌 일을 해야 할 이유도 없다. 하지만 그렇게 치면 사랑에 빠질 이유도, 단풍잎을 모아야 할 이유도 없다. 삶이란 막간과 틈새를 통해서 그 본모습을 드러내는 법이다.

차례
ON DOING NOTHING

1.

길을 잃는다는 것

길을 잃을 때, 우리는 자신을 잃고
다시 자신을 찾는다

카프카는 여행과 섹스, 책이 자아의 상실 외에 그 어디로도 이어지지 않는 길이라는 걸 알았지만, 그 길을 가야 하고 자아가 상실되어야 한다는 것 또한 알고 있었다. 자아를 다시 찾기 위해서, 혹은 책이 됐든, 표현이 됐든, 잃어버린 물건이 됐든 뭔가를 찾기 위해서는 우선 자아를 잃어야 한다는 걸 알고 있었던 것이다.

길을 잃는다는 것은 자기 자신을 잃는 것이다

일부러 길을 잃는다는 것은 모든 목적을 버리는 일이다. 그러나 모든 목적을 버린다는 건 '너 자신이 돼라'거나 '지금 이 순간을 살라'거나 '내려놓으라'는 식의 모호한 조언만큼이나 실천하기 어려운 일이다. 그런 조언은 대개 듣는 이보다 말하는 이에게 위안을 준다. 지금 이 순간에 충실해지려 애쓸수록 오히려 그 '순간'이라는 것은 모호해지기 마련이다. 길을 잃는 데 정해진 경로는 없다. 우리가 길을 잃을 때까지 이리저리 걸으며 남긴 발자국들만 있을 뿐.

레베카 솔닛Rebecca Solnit은 《길 잃기 지침서A Field Guide to Getting Lost》에서 이렇게 말한다. "길을 잃는 게 아니라 자기 자신을 잃는 것이다. 이는 지리와 지형을 따라가며 얻게 되는 초자연적 상태로, 의식적 선택의 결과이며 스스로 택한 순응이다." 전통적인 의미에서 길을 잃는다는 것은 정해진 목적지를 찾지 못하는 걸 뜻한다. 그러나 자신을 잃는 길 잃기에는 정해진 목적지가 없으며, 지도와 지형 자체가 주된 관심사가 된다.

출발점과 목적지가 없다면 우리에게 주어진 공간은 무한대로 늘어난다. 축적에 대한 집착을 버린다면 방의 이쪽 구석과 저쪽 구석 사이에 놓인 거리는 두 대륙 간의 거리만큼이나 광대해질 수도 있다.

솔닛은 버지니아 울프Virginia Woolf의 《등대로To the Lighthouse》에 대하여 이렇게 썼다. "낯설고 외딴 곳을 여행하는 이들은 자기정체성의 소멸을 경험하는 데 익숙하다. 그런데 울프는 의식의 미묘한 차이를 날카롭게 지각해냄으로써 익숙한 거리를 걷거나 홀로 안락의자에 앉아 있을 때에도 그러한 경험을 할 수 있었다." 모든 것이 영감이 될 수 있다. 버지니아 울프는 자신이 쓴 소설만큼이나 독창적인 에세이를 여러 편 남겼다. 그중 《병듦에 대하여On Being Ill》에서 울프는 독감, 장티푸스, 폐렴, 치통의 예술적 잠재력에 관해 논하며, 각각의 병에 어울릴 만한 문학 장르로 소설, 서사시, 송시, 서정시를 추천했다. 흔하고 일상적인 경험일수록 깊게 성찰하는 일이 드물기 때문에 그 안에서 새로운 무언가를 찾아내기 위해서는 비상한 인내심과 호기심이 필요하다.

길 잃기에 가장 좋은 지도는 아마 루이스 캐럴Lewis Carroll의 《스나크 사냥The Hunting of the Snark》에 등장하는 지도일 것이다. 이 장편 시에 등장하는 벨맨Bellman은 이 지도를 '완벽하고도 순수한 백지'로 묘사한다. 사실 지도가 완전히 텅 비어 있는 것은 아니다. 직사각형의 네모난 테두리와 방향 표시가 있으니 지도로서의 기본 자격은 갖춘 셈이다.

《스나크 사냥》에 등장한 개념적 지도는 루이스 캐럴의

마지막 소설 《실비와 브루노 완결편Sylvie and Bruno Concluded》에서 더욱 확장된다. 이 소설에서는 실제 땅의 크기에 맞춰 '1마일을 1마일로' 그린 지도가 등장한다. 실용성 측면에서 보자면 실제 땅덩어리만 한 지도를 사용하는 건 어려운 일이다. 그래서 소설 속에서는 그냥 땅을 지도로 활용한다. 호르헤 루이스 보르헤스Jorge Luis Borges의 한 문단짜리 단편 〈과학의 정밀성에 대하여On Exactitude in Science〉에도 비슷한 지도가 등장한다. 이 이야기에 소개된 어느 제국은 지도 제작 기술이 지나치게 발달한 나머지 '그 크기가 제국만 하고, 지도 속의 모든 지점이 현실 세계의 모든 지점과 정확히 일치하는 지도'를 만들어낸다.

다행히도 그렇게까지 정밀한 지도는 허구에나 존재한다. 우리가 마음속에 그리는 지도는 불완전할 수밖에 없지만, 그런 의미에서 유일하고 특별하다. 우리 마음속의 지도는 세세할 수도 있고 추상적일 수도 있다. 어쩌면 지도의 요건을 전혀 충족하지 못할 수도 있다. 아무런 목적 없이 길을 나서면 우리 안의 지도 제작자는 자체적인 도구와 상징, 기호를 활용하여 자신만의 지도를 그리기 시작한다.

상상 속 방랑은
다시 실제의 삶과 연결된다

한 시간의 산책을 한 시간의 글쓰기를 위한 준비로 볼 수도 있지만, 반대로 한 시간의 글쓰기를 그 산책의 결과물로 볼 수도 있다.

몇 년 동안 방문하든 몇 시간 동안 방문하든, 우리가 가는 모든 장소는 머릿속에 새겨진다. 그러한 장소들이 새겨진 마음속 지도는 별다른 의식적 노력 없이도 뇌가 할 수 있는 한 끊임없이 다듬어진다. 제임스 조이스James Joyce는 버트런드 러셀Bertrand Russell에게 보낸 편지에서 만약 더블린에 원자폭탄이 떨어져 도시가 모두 파괴된다 해도 자신의 소설 《율리시스Ulysses》만 있다면 벽돌 한 장까지 그대로 재건해낼 수 있을 것이라 말했다. 물론 실제로 그런 일이 벌어질 가능성은 높지 않지만, 《율리시스》를 바탕으로 다시 건설한 더블린은 아마 실제 그 도시와 꽤 다른 모습일 것이다. 제임스 조이스가 걷고, 보고, 느낀 '제임스 조이스의 더블린'일 것이기 때문이다. 또한 《율리시스》를 읽은 독자들의 머릿속에는 조이스가 그린 더블린을 보고 각자가 그린 또 다른 더블린이 있다. 이들의 더블린은 조이스의 더블린에서 한 걸음 떨어진 또 다른 가상의 도시다.

이탈로 칼비노Italo Calvino의 《보이지 않는 도시들Le città invisibili》은 아예 관념 속 도시들을 주된 소재로 한 책이다. 이 책에 등장하는 도시들 중 하나인 필리스에 사는 사람들은 주변 풍경은 보지 않은 채 매일 다니는 경로만을 따라 지그재그로 걷는다. 소설 속에서 마르코 폴로는 필리스에 대하여 쿠빌라이 칸에게 이렇게 말한다. "수백만의 눈이 창을, 다리를, 늘어진 케이퍼 덤불을 쳐다볼 때, 사실 그들은 새하얀 백지를 훑어보는 것일지도 모릅니다. 필리스와 같은 많은 도시들이 우리의 시선에서 벗어나 있습니다. 그것들을 우연히 포착한 이들의 시선을 제외하고는 말이지요." 장소는 역사를 통해서든 허구를 통해서든 자신의 수명보다 오래 살아남을 수 있다. 하지만 그곳이 사라지기 전에 잠시 멈춰 서서 바라보지 않는다면, 우리의 발아래에서 허물어져버릴 수도 있다.

조이스의 더블린과 칼비노의 필리스는 같은 소재로 이루어져 있다. 바로 기억과 꿈, 그리고 그곳을 환기시키는 방식으로 배열된 단어들이다. 우리가 걷는 거리 하나하나는 일종의 모형으로서 복제된다. 복제된 모형은 실제보다 커지거나 작아지기도 하고, 아주 정밀하게 묘사되기도 하며, 세심하지 못한 솜씨로 대략의 윤곽만 드러내기도 한다. 또한 모형은 시간이 지나면서 구체화되는가 하면, 추상적인 모습으로 희미해져버리기도 한다. 어린 시절 추억의 장소로 다시 돌아갔을 때 우리 기억 속의 길들은 실제 현실과 충돌을 일으키고,

분명 예전에는 없었던 나무 장식에 머리를 부딪기도 한다. 자, 그럼 이제 도시를 떠나 시골로 향해보자.

제발트W. G. Sebald의 《토성의 고리Die Ringe des Saturn》는 잉글랜드 서픽 지역을 도보로 여행하며 남긴 기록이라는 설정의 소설이다. 화자는 이 여정에서 다른 사람과 거의 마주치지 않는다. 이 여정은 울적하면서도 주기적인 침잠 속에서 한데 결합된 역사, 전기傳記, 허구의 최면적 행렬을 불러일으킨다. 한없이 샛길로 빠지는 제발트의 여정은 연결점과 미묘한 패턴으로 가득하지만, 이야기를 연결하고 엮어가는 것은 독자의 몫이다. 레몽 루셀Raymond Roussel의 《로쿠스 솔루스Locus Solus》 또한 시골에 있는 기이한 저택을 무대로 한 일종의 도보 여행기이다. 이 책에서는 플롯, 캐릭터, 도덕 등의 기본 구조를 완전히 무시한다. 《로쿠스 솔루스》는 하나의 이야기라기보다 비현실적인 전시회의 작품 카탈로그에 가깝다. 루셀은 책의 주인공인 천재적인 과학자가 만든 발명품의 의미를 설명하지 않는다. 대신 그는 발명품들의 작동 모습을 독자들에게 살짝 (그러나 강박적일 만큼 자세히) 보여주고, 나머지는 머릿속에서 알아서 재현하도록 유도한다. 조용한 산책은 이리저리 얽힌 마음의 패턴 속으로 길을 잃고 빠져들 기회다. 이렇게 길을 잃음으로써 우리는 굳이 우주선을 만들지 않고도 우리에게 알려진, 혹은 알려지지 않은 우주 구석구석을 탐험할 수 있다.

로렌스 스턴Laurence Sterne은 말년의 10여 년을 중심적인 서사 없이 오직 여담餘談, digression으로만 이루어진 소설을 집필하는 데 바쳤다. 1759년에서 1767년까지 아홉 권에 걸쳐 출간된 《신사 트리스트럼 섄디의 인생과 생각 이야기The Life and Opinions and Tristram Shandy, Gentleman》는 뚜렷한 목적 없는 정신에 시간과 지면이 넉넉히 주어졌을 때 어떤 작품이 나올 수 있는지를 잘 보여주는 최초의 증거들 중 하나다. 여담은 시간의 제약을 벗어나려는 시도, 다시 말해 불멸을 꿈꾸는 부질없는 시도다. 또한 스턴이 작품에서 보여주었듯 여담은 재미있기도 하다. 죽이 잘 맞는 사람과 술 한잔 걸치고 나누는 대화를 떠올려보자. 이런 대화는 시골 산책에서 심우주深宇宙 탐험까지 깜짝 놀랄 만큼 종횡무진으로 전개된다. 혼자 있을 때 멀쩡한 정신으로 이러한 정신적 도약을 하지 못할 이유가 없다.

우리는 살면서 많은 길을 만난다. 모든 길을 탐험할 만큼 충분한 시간과 기회가 주어지지는 않지만, 마음속으로 길의 풍경을 그려보는 것은 얼마든지 가능하다. 이러한 상상 속 방랑은 다시 실제의 삶으로 연결되기도 한다. 정신적 여행은 실제 여행만큼이나 우리를 멀리까지 데려다줄 수 있다. 특히 생각이 발걸음을 따르고 발걸음이 생각을 따르는, 물리적 여행과 정신적 여행을 병행한다면 말이다.

배회와 표류,
목적 없는 산책의 즐거움

아무것도 아닌 일을 하는 것에 대해 논하는 이 책에서 '플라뇌르flâneur', 즉 '한가롭게 배회하는 산책자'를 언급하지 않고 넘어가기엔 섭섭하다. 이 단어는 프랑스어 '플라네flâner'에서 유래한 것으로, '거닐다, 배회하다, 돌아다니다' 등의 의미를 지니고 있다. 샤를 보들레르Charles Baudelaire는 플라뇌르를 일컬어 '열정적인 구경꾼'이라 정의했다. 이러한 구경꾼들은 '집에서 멀리 떨어져 있으면서도 어디에서나 집과 같은 편안함을 느끼고, 세상의 중심에서 세상을 바라보면서도 세상으로부터 숨어 있어야' 한다. 플라뇌르는 오직 탐색 그 자체를 즐기기 위해 도시 이곳저곳을 살피고 다니는 탐정과도 같으며, 이때 산책은 과정인 동시에 목적이 되어야 한다. 산책 시에는 굳이 소재를 찾으려 애쓸 필요도 없다. 산책 중 떠오르는 모든 아이디어는 크든 작든 상관없이 산책 자체보다 중요하지 않다.

뤽 산테Luc Sante는 《또 다른 파리The Other Paris》에서 이렇게 말한다. "플라뇌르는 모든 가능성을 예민하게 살피고 알아차려야 한다. 부서지기 쉽고 덧없는 찰나의 것들과 태곳적부터 내려오는 변함없는 것들, 일상의 눈을 벗어나 있는 것들, 유행의 미묘하고 점진적인 변화들, 누구의 눈에도 띄지 않은 채 어느 날 갑자기 사라져버릴 것들, 우연적이고 우발적이며 부조화한 것들, 질감과 정취와 이름 붙일 수 없는 것들, 자주 불어오는 바람의 방향과 이를 거스르는 바람, 전문가들의 관심을 끌기에는 너무 주관적인 모든 것을 살펴야 한다."

'플라뇌르'라는 단어는 프랑스에서 왔지만 '산책'이라는 행위는 다른 곳에서도 이루어졌다. 해협을 두고 프랑스와 마주 보고 있는 영국에서는 찰스 디킨스Charles Dickens가 거리를 목적 없이 배회하며 《밤 산책Night Walks》을 썼다. 그 외에 역사에 남지 않은 세계의 만보객들을 모아보면 작은 부대 하나를 꾸릴 수 있겠지만, 아마 딱히 쓸모 있는 부대는 아닐 것이다. 먼 과거, 별다른 이유 없이 산책에 나섰을 최초의 존재가 스스로를 '플라뇌르'로 불렀을 리는 없다. 다른 문화권에서는 산책과 연결된 관습, 습관, 감정적 무게에 따라 각자 적절한 언어로 이 행위에 이름을 붙였을 것이다.

산책자의 영토는 도시마다, 그리고 산책자 개인마다 뚜렷이 구분된다. 산책자가 걷는 길의 개념적·감정적 가치는 전적으로 주관적이며, 풍경 그 자체만큼이나 그 풍경에 대한 해석의 영향을 받는다. 산책자는 도시를 파악하려 하지만, 도시는 매 발걸음마다 변화한다. 트렌디했던 장소는 어느새 한물 간 곳이 되고, 어딘가 수상했던 동네는 고급 주택가가 되어 단조로운 건물이 늘어선 곳이 된다. 잠시도 끊이지 않고

동시에 진행되는 이러한 움직임은 도시와 그곳에 사는 사람들 사이에서 벌어지는 춤이다.

역사상 여성 산책자가 거의 없었던 이유는 명백하다. 여자 홀로 걷는 것이 위험했기 때문이다(불행하게도 많은 곳에서 여전히 위험하다). 로렌 엘킨Lauren Elkin은 《플라뇌즈: 파리, 뉴욕, 도쿄, 베네치아, 런던을 걷는 여성들Flâneuse: Women Walk the City in Paris, New York, Tokyo, Venice, and London》에서 이렇게 말한다. "세상에 도시가 존재해온 긴 세월 동안 그곳에는 여성들도 살고 있었다. 그러나 생각에 잠겨 도시를 걷는 기분이 어떤지 알고 싶을 때 우리가 읽을 수 있는 것은 죄다 오랜 시간 기록되어온 남성들의 말뿐이다." 조르주 상드George Sand는 파리의 다양한 사람들을 관찰하기 위해 산책에 나서곤 했는데, 불필요한 시선을 끌지 않으려고 남장을 하곤 했다. 산책자는 보이지 않는 존재로 남아 있어야 하고, 버지니아 울프가 에세이 〈거리 떠돌기: 런던 모험Street Haunting: A London

Adventure〉에서 말했듯 자기중심적 시선에서 벗어나 하나의 '거대한 눈'이 되어 도시의 유령처럼 거리에 섞여들 수 있어야 한다. 걷기라는 단순한 행동도 개인에 있어서나 사회에 있어서 급진적인 행위가 될 수 있다.

《스펙터클의 사회La Société du Spectacle》를 쓴 기 드보르Guy Debord에게 걷기는 일종의 저항이었다. 드보르는 매스미디어·물질주의·소비지상주의가 가장 표피적으로 나타나는 것을 가리켜 '스펙터클'이라 칭했는데, 그는 걷기를 통해 스펙터클이 정해놓은 획일적인 방향과 경로를 이탈하고자 했다.

드보르는 스펙터클에서 벗어나기 위한 방법으로 '표류dérive'라는 개념을 제시했다. 표류는 익숙한 길과 편리한 경로를 벗어나 지형의 감정적 흐름이 이끄는 대로 도시를 걷는 것이다. 산책자는 표류하는 걷기를 통해 동네들 사이의 경계를 탐험하고, 도시에 살고 있는 이들의 움직임을 탐구하며, 사회적 행동이 나타나고 사라지는 패턴을 관찰할 수 있다.

이미 존재하는, 그리고 지금도 생겨나고 있는 디지털 기기들 덕에 길 잃기는 점점 어려워지고 있다. 다양한 상품들은 우리의 삶을 편리하게 만들어주지만, 매일의 경험을 너무나 평범하게 만들어 결국에는 아주 따분한 일로 느껴지게 하고 일상이 품고 있는 맛과 정취에 무뎌지게 만든다. 이를테면 아는 길을 가면서도 혹시나 하는 마음에 전자 지도를 확인하다 보면 공간을 지각하는 우리의 감각은 점점 무뎌질 수밖에 없다.

목적 없는 표류가 주는 설렘은 우리의 본능에 깊이 새겨져 있다. 한 시간만 아무 목적 없이 걷다 보면 탐험의 즐거움이 자연스럽게 발길을 인도할 것이다. 그 즐거움에 이끌려 차양이 드리워진 벤치로 향하는 이들도 있을 것이고, 지형의 구조를 더 자세히 살피기 위해 가까이 다가가는 이들도 있을 것이다. 저녁나절의 가벼운 산책이 됐든 본격적인 산악 원정이 됐든 우리가 세상을 항해하는 방식은 모두 다르다.

사유의 모험,
생각의 길을 걷는다는 것

이제 실내에 대해 얘기해보자. 실외를 벽과 바닥, 그리고 더 완벽하게는 천장으로 둘러싸면 그 공간은 실내가 된다.

꼭 멀리 가야 세상을 볼 수 있는 것은 아니다. 사실 방을 나설 필요조차 없을 수도 있다. 실제로 프란츠 카프카Franz Kafka는 밖으로 나가기보다 실내에 머물 것을 권했다. "탁자에 잠자코 앉아서 들으라. 아니, 들을 필요도 없이 그저 기다리라. 아니 기다릴 필요도 없이 그저 가만히, 조용히, 홀로 있으라. 그러면 세상이 당신 앞에 기꺼이 나타나 가면을 벗을 것이다. 세상은 어쩔 수 없이 당신 앞에 나타나 당신의 발치에서 희열에 몸부림칠 것이다." 물론 카프카는 정신적 건강함이나 자기 치유와 관련하여 거의 인용되지 않는 작가다. 그럼에도 세상이 인내심 있는 관찰자에게 그 모습을 스스로 드러낼 것이라는 생각은 좁은 공간 안에서도 수많은 일들이 활발하게 벌어진다는 것을 보여주는 중요한 메시지다. 스릴 넘치는 모험에는 강렬하고 자극적인 요소가 너무 많아서 그중 어떤 것이 중요한지 판단하기가 쉽지 않지만, 별일 없는 나날들은 집중을 방해하는 요소들을 누그러뜨려 우리로 하여금 세상을 더 선명하게 볼 수 있게 한다.

행위 예술가 셰더칭謝德慶은 1978년 9월 30일 오후 6시부터 1979년 9월 29일 오후 6시까지 1년 동안 스스로를 독방에 감금하는 퍼포먼스를 벌였다. 그가 이러한 퍼포먼스를 한 이유에 대해서는 다양한 해석이 가능하지만, 그 스스로는 '시간을 소비하고 생각을 해방시키는 것'이라고 정의했다.(물론 이 외에도 다른 이유는 존재한다. 1974년 미국에 밀입국했을 당시 무명 예술가였던 셰더칭은 뉴욕 맨해튼에서 불법이민자 잡역부로 생활하기 시작했는데, 그런 그가 자신이 처한 사회적·문화적 고립과 소외를 예술로 승화하기 위해 벌인 작업이기도 했다.) 대부분의 사람들은 단 하루의 격리도 견디기 힘들어한다. 대부분의 사회적 행동과 마찬가지로 혼자 있기 또한 재능이자 기술이다. 예술가들이 일반인들에 비해 고독을 즐기는 능력이 뛰어나기는 하지만, 짧은 시간이라도 홀로 보내며 자신을 대면하는 것은 모두에게 도움이 될 만한 일이다. 하지만 인간은 어쨌든 시회적 동물일 수밖에 없으며, 자족自足에 있어서는 집 고양이를 도저히 따라갈 수 없다.

조르주 페렉Georges Perec은 이렇게 말했다. "집에서 고양이를 키우는 이라면 누구나 고양이가 인간보다 더 뛰어난 거주자라고 말할 것이다. 고양이들은 정사각형 공간에서도 자기가 가장 좋아하는 지점을 찾아낼 수 있다." 고양이들은 인간들과 수세기에 걸쳐 동거하는 동안 자신들에게 의미 있는 신호만 취하고 그와 관련 없는 동작들은 무시하면서, 그야

말로 아무것도 아닌 일을 하는 기술을 완전히 터득했다.

화가 파울 클레Paul Klee는 자신이 키우는 고양이들을 무척이나 좋아했다. 클레의 고양이들은 모두 그의 친구이자 모델이었고 때로는 작업의 조력자가 되기도 했다. 어느 날 파울 클레의 작업실을 방문한 미국의 예술품 수집가 에드워드 워버그Edward M. M. Warburg는 고양이 한 마리가 아직 덜 마른 수채화를 밟고 지나가는 것을 보았다. 깜짝 놀란 워버그가 고양이를 제지하려 했지만, 클레는 그냥 두라며 몇 년 후 미술 전문가들이 그 작품을 보면 대체 어떤 효과를 썼는지 궁금해할 것이라고 말했다. 물론 고양이는 클레의 작업에 조력자가 될 의도는커녕 자신이 밟은 그림에 대한 별다른 감상도 없었을 것이다. 그러나 클레는 고양이가 가져온 방해 요소를 환영했고, 이를 자신의 작품에 그대로 활용했다. 워버그의 일화에 과장이 조금 섞였을 수도 있지만, 그렇다고 이 이야기에 담긴 진실이 사라지는 것은 아니다.

데이비드 마크슨David Markson의 소설 《비트겐슈타인의 정부Wittgenstein's Mistress》에는 출처가 불분명한 또 다른 예술 관련 일화가 등장한다. 렘브란트의 제자들이 작업실 바닥에 금화 그림을 그렸는데, 너무나도 감쪽같아서 스승인 렘브란트가 몸을 굽혀 이를 주우려 했다는 이야기다. 만약 렘브란트에게 고양이가 있었다면 "동전에 눈길조차 주지 않은 채 그대로 지나쳐 갔을 것이다. 물론 그렇다고 이것이 고양이가 렘브란트보다 더 똑똑하다는 걸 보여주지는 않는다." 날카로운 초점은 폭넓은 시야만큼 중요하다. 이 상황을 고양이의 눈으로, 그리고 화가의 눈으로 본다면 어떤 것이 진짜인가 아닌가는 관점의 문제가 된다.

나쓰메 소세키夏目漱石는 고양이의 관점에서 쓴 세 권짜리 소설 《나는 고양이로소이다吾輩は猫である》를 집필했다. 소설 속에서 화자인 고양이는 능글맞은 무심함과 초자연적인 민첩함으로 눈앞에 펼쳐지는 장면들을 관찰하며 메이지 시

대 중산층의 예술, 연애, 일을 조롱한다. 소설은 동물인 고양이가 어떻게 사건들을 연결하는지, 어떻게 자신의 죽음과 관련된 이야기까지 소상하게 알고 있는지 설명하지 않는다. 그러나 소설의 경쾌함과 유머는 그런 상식 따위를 잊게 만든다.

카프카의 소설 《변신Die Verwandlung》에서 주인공 그레고르 잠자는 거대한 벌레로 변한다. 작가는 그레고르의 변신에 대해 설명하지 않는다. 그러나 이 부조리한 전제와 그에 어울리지 않는 자연스런 서술에는 이야기를 단순한 판타지 너머로 끌고 가는 감정적인 무게가 있다. 여기에 논리가 끼어들어봤자 이야기의 맛을 망치고 정신적 소화불량으로 이어질 뿐이다. 한편 이러한 이야기를 뭔가 구체적이고 명료한 다른 어떤 것에 대한 광범위한 메타포metaphor로 해석하려는 시도는 이를 액면 그대로 받아들이는 것만큼이나 게으른 일이다. 이러한 이야기들은 정해진 해법을 숨기고 있는 단순한 퍼즐이 아니다. 세상이 모든 관찰자에게 다르게 펼쳐지듯 독자 한 사람 한 사람에게 다른 모습으로 펼쳐지는 복잡한 구조물이다.

카프카는 '메타포'라는 주제에 대하여 이렇게 말했다. "메타포는 나로 하여금 글쓰기에 대해 절망하도록 하는 것들 가운데 하나다. 글쓰기는 세상과 독립적으로 존재하지 못한다. 불을 지피는 하녀, 난로 옆에서 몸을 녹이는 고양이, 심지어 불을 쬐고 있는 가난한 노인에게도 종속되어 있다. 이 모든 것들은 각기 나름의 규칙에 따라 이루어지는 독립적인 행위다. 오직 글쓰기만이 무력하며 그것 자체로 살아 있을 수 없다. 그것은 유희인 동시에 절망이다."

우리는 보통 메타포로 말하지 않는다. 길을 걷다 이상한 걸 밟았을 때, 그 경험을 뭔가 동떨어진 고귀한 것에 빗대어 말하기보다는 외마디 비명을 지르는 경우가 훨씬 많다. 분명 메타포는 삶에 필수적인 것이 아니다. 하지만 일상에서도 글쓰기에서도 사물을 인상적으로 만들어준다.

메타포는 직선 경로를 둘러 가는 우회로로, 마르셀 프루스트Marcel Proust만큼 이 우회로를 잘 활용했던 작가는 드물다. 프루스트의 작품 속 여담들은 본줄기를 떠나 별도의 작은 이야기를 이루기도 하며, 이러한 이야기들은 내면에 있던 것들을 모두 느긋하게 꺼내놓은 후 자연스럽게 다시 몇 번의 언어적 유희와 함께 출발점으로 돌아온다. 이러한 경향이 프루스트에게서만 나타나는 것은 아니다. 프루스트처럼 책을 내지는 못했지만, 이러한 생각의 비행은 모두 경험해본 적이 있을 것이다. 우리의 의식은 기회만 있으면 원래의 길을 벗어나 실내 얘기에서 고양이 얘기로, 다시 메타포 얘기에서 프루스트 얘기로 옮겨가지 않던가. 여담이지만, 프루스트는《잃어버린 시간을 찾아서À la recherche du temps perdu》를 침대에 누운 상태에서 집필했다.

프루스트가 침대에 누운 채 쏟아낸 창의력의 산물은 총 4천 페이지가 넘는 분량이다. 작품을 읽어보고자 하는 세계

곳곳의 독자들은 그 어마어마한 분량에 기가 죽는다. 프루스트는 성실한 일꾼이자 열렬한 게으름뱅이였으며, 기민한 관찰자인 동시에 인내심 있는 경청자로, 자신의 시간을 언제 어떻게 써야 할지 잘 알고 있었다.(물론 프루스트의 재력도 그의 이러한 행동을 가능하게 한 요인 중 하나다.)

프루스트는 일곱 권으로 구성된 대표작《잃어버린 시간을 찾아서》외에 클레르몽 토네르 백작 부인에게 보낸 짧은 편지로도 유명하다. "친애하는 부인. 어제 부인 댁에 제 지팡이를 놓고 왔다는 사실을 방금 깨달았습니다. 이 편지를 지닌 이에게 제 지팡이를 주시면 감사하겠습니다. 추신. 폐를 끼친 점 송구합니다. 방금 제 지팡이를 찾았습니다." 이 편지의 유일한 목적은 유머지만 실용성을 따지는 사람이라면 그저 시간 낭비라고 생각할 것이다. 여담은 사유의 양념이다. 실제 양념과는 달리 상상의 양념은 유리병이나 찬장 안에 갇혀 있지 않다. 우리는 침대에 홀로 누워 천장을 바라보면서도 이러한 양념들을 자유롭게 맛보며 섞을 수 있고, 머릿속의 몽상만으로 우리의 방을 작은 우주로 만들 수 있다.

로베르토 볼라뇨Roberto Bolaño가 '문학+병=병'이라는 강연에서 한 말은 길 잃기를 주제로 한 이번 장의 결론으로 참 잘 어울린다.

"카프카는 여행과 섹스, 책이 자아의 상실 외에 그 어디로도 이어지지 않는 길이라는 걸 알았지만, 그 길을 가야 하고 자아가 상실되어야 한다는 것 또한 알고 있었습니다. 자아를 다시 찾기 위해서, 혹은 (책이 됐든, 표현이 됐든, 잃어버린 물건이 됐든) 뭔가를 찾기 위해서는 우선 자아를 잃어야 한다는 걸 알고 있었던 거죠. 그렇게 해서 찾게 되는 것이 일종의 수단일 수도 있고, 운이 좋다면 새로운 것을 발견할 수도 있을 거예요. 물론 처음부터 그 자리에 있었던 것일 테지만."

2.

기다림과 반복의 미학

매일 걷는 길도 매 순간 다른 길이다

클로드 모네는 1892년부터 1894년까지 루앙 대성당 건너편 같은 위치에서 바라본 성당의 모습을 서른 점 넘게 남겼다. 모네가 그린 그림 속 루앙 대성당이 모두 다른 루앙 대성당이듯, 우리가 매일 걷는 길도 매일, 매 순간 다른 길이다. 만약 우리가 요행히 누군가의 넉넉한 지원을 받아 다른 것은 하지 않고 남아 있는 삶 내내 그 길만 지켜보며 보낸다고 하더라도, 길은 우리가 눈을 깜빡일 때마다 끊임없이 스스로를 다시 써 나가며 우리의 감시를 벗어날 것이다.

예술, 늘 다르면서도 늘 같은 반복의 역사

반복은 뭔가를 다시 하는 행위이며, 아무것도 아닌 일을 하는 것에도 반복적 요소가 내재돼 있다. 반복은 지연된 시간과 맞물려 돌아간다. 번갈아 찾아오는 이 두 요소는 학창시절부터 우리에게 너무 익숙하다. 극도로 지루한 많은 것들이 그렇듯, 반복에 내재된 완전한 잠재력을 드러내기 위해서는 통념에서 벗어난 감각이 요구된다.

흥미진진한 삶에도 반복은 존재하기 마련이다. 반복을 벗어나기 위해 애쓰는 대신 반복이라는 패턴이 주는 균일성과 특별함을 받아들일 수도 있다. 이번 장은 이 책에서 가장 긴데, 이는 결코 글을 편집하는 데 게으름을 피워서가 아니다. 그보다는 주제 자체의 폭넓음과 그 발현 방식의 무궁무진함 때문이다.

기억과 재현, 오마주와 표절, 연구와 전복, 리라이팅과 번역, 반복과 반복. 이 모든 맥락들은 늘 다르면서도 늘 같은, 새로운 패턴으로 엮어낼 수 있다.

클로드 모네Claude Monet는 1892년부터 1894년까지 루앙 대성당 건너편 같은 위치에서 바라본 성당의 모습을 서른 점 넘게 남겼다. 화폭에 담긴 관점과 구도는 거의 같다. 주된 차이는 색깔과 그 색깔의 미묘한 처리에 영향을 주는 빛에 대한 연구, 그리고 작품에 마치 심박동 곡선처럼 새겨진 모네의 감정이다.

쿠사마 야요이草間彌生는 조각, 그림(캔버스에 그린 그림이든 살아 있는 생물에 그린 그림이든), 행위 예술, 설치 미술 등 모든 예술적 표현에 자신의 상징이랄 수 있는 빨간 물방울무늬를 그려 넣었다. 물방울무늬는 쿠사마 야요이의 작품에 반복적으로 등장하지만, 그녀의 작품 자체를 지루한 반복으로 만들지는 않는다. 그것은 오히려 다양한 형식의 매체들을 변화시킴으로써 관람객들로 하여금 쿠사마의 물방울무늬 필터를 통해 작품을 다시 한 번 생각해보게 만든다. 최소한의 구성요소로 된 각각의 매체는 작품의 적극적인 참가자가 된다.

예술가들은 자신의 작품을 반복하는가 하면 다른 이들의 작품을 반복하기도 한다. 리디아 데이비스Lydia Davis는 귀스타브 플로베르Gustave Flaubert의 《마담 보바리Madame Bovary》를 번역하면서 저자가 남긴 방대한 서신들을 읽고 그 중 일부를 짧은 이야기로 다시 써냈고, 이를 자신의 단편집 《할 수 없기도 하고, 하지 않을 것이기도 하고Can't and Won't》에 실었다. 이 책에 수록된 이야기들 중 '꿈'이라고 표시된 것 가운데 일부는 데이비스가 실제 꾼 꿈에서 영감을 받은 이야기들이며, 또 다른 일부는 꿈 이야기를 들려주는 형식을 빌린 실제 사건이다. 데이비스는 《파리 리뷰The Paris Review》와의

인터뷰에서 이렇게 말한 바 있다. "무언가에 대해 차용한 소재가 아니라고 딱 잘라 말하기는 어렵다고 생각해요. 친구가 꿈 이야기나 다른 이야기를 들려줬다면 그때 전 소재를 차용할 수 있죠. 제가 뭔가 빌려올 만한 좋은 이야깃거리가 있는 이메일을 받았다면 이때도 소재를 차용할 수 있고요. 그럼 제가 옥수수가루가 엉겨서 굳어버린 것에 주목했다면, 이때도 소재를 차용한 걸까요?"

출처가 어디인지를 떠나, 이러한 소재의 활용은 예술적 반복의 한 형식이기도 하다. 이미 존재하는 이야기를 자신만의 이야기로 각색하는 과정에서 우리는 원작의 모습과 의미를 다시 한 번 생각하게 된다. 이 반복의 과정은 기존의 이야기에 새로운 맥락을 부여한다.

만화가 다쓰미 요시히로辰巳ヨシヒロ는 작품의 소재를 찾기 위해 경찰 사건보고서와 신문을 살펴보곤 했다. 요시히로는 전후 일본에서 쓸쓸하고 고단한 삶을 살아가던 보통 사람

들의 이야기를 극한의 사실주의로 그려낸 작가로 유명한데, 당시 만화로서는 흔치 않은 시도였다. 종종 말이 없는 익명의 캐릭터들은 무심하고 건조한 사건보고서 내용을 작품 속 행동으로 옮기는 일종의 대역들이다.

배리 머피Barry Murphy와 마크 도허티Mark Doherty는 폴란드에서 방영된 TV 드라마 〈첫사랑Pierwsza Miłość〉을 짧은 영상으로 편집한 후 영어로 더빙하여 〈수피 노먼Soupy Norman〉이라는 코미디 시리즈를 만들어냈다. 원작에서는 영상만 따왔을 뿐 스토리는 전혀 다르다. 〈수피 노먼〉은 아일랜드의 코크 지방에 사는 젊은 여성이 어딘가 조금 이상한 가족들을 떠나 성공을 꿈꾸며 더블린으로 간다는 내용이다. 〈수피 노먼〉에서 새롭게 목소리를 입힌 인물들은 원작 영상의 지엽적인 장면들에 매달려 대화를 전개해나가기도 하고 갑작스럽게 대화를 멈추며 극적인 효과를 만들어내기도 한다. 또한 시종일관 등장하는 아일랜드 방언은 작품에 어딘가 비현실적인 느낌을 더한다. '수피 노먼'이라는 인물은 단 한 장면에 만 등장한다. 술에 잔뜩 취해 우당탕거리며 문으로 들어와 쓸데없는 말을 몇 마디 내뱉고는 다시 소리를 지르며 밤거리로 나가는 장면이다. 이 똑같은 장면은 시리즈 전체에 걸쳐 여덟 번 반복하여 등장한다. 〈수피 노먼〉은 우스꽝스럽고 애매모호한 상황을 뒤섞은 채 이야기를 낯선 영역으로 전개해나가며 어색한 콘셉트 자체를 즐기는 모습을 보여준다.

만화가 팀 헨슬리Tim Hensley는 어느 날 우연히 한 전직 은행원이 자신이 일했던 직장을 비난하며 쓴 탄원서의 복사본을 읽게 되었는데, 후에 그 내용을 만화로 그려냈다. 그가 차용한 텍스트의 기이함은 신문 연재만화의 원색과 묘한 대비를 이룬다. 헨슬리는 차용한 소재의 불편한 내용을 만화로 잘 그려내기 위해 탄원서의 내용을 자세히 조사했다. 꼭 소재의 원작자가 있어야 그 내용을 파악할 수 있는 것은 아니다.

플랜 오브라이언Flann O'Brien은 경마장 정보원에게서 받은 편지의 내용을 《헤엄치는 두 마리 새At Swim-Two-Birds》에 넣었다. 서사와 문체의 어지러운 만화경과도 같은 이 소설은 작품 내외부의 다양한 소재에 대한 직간접적인 인용으로 가득 차 있다. 작가는 이야기의 전개와 함께 유머와 박학다식함을 넘나들며 독자들을 어둡고 빽빽한 숲으로 이끌고, 그 안에서는 그 어디에서도 본 적이 없는 스케일의 메타픽션metafiction 잔치가 벌어진다. 아무것도 아닌 일을 하는 것에 대한 열렬한 지지자인 오브라이언의 화자는 처음부터 이렇게 선언한다. "좋은 책에는 오직 작가의 통찰 속에서만 서로 연결되어 있는 완전히 다른 세 가지 도입부가 있어야 하며, 결말은 그 백배로 많아야 한다." 이는 다른 예술에도 똑같이 적용된다. 캔버스 위의 물감은 그림의 액자가 바뀔 때마다, 그림이 걸리는 배경이 바뀔 때마다 다시 편성된다.

2012년, 아일랜드 국립 미술관에서 한 남성이 알 수 없는 이유로 모네의 〈요트가 떠다니는 아르장퇴유 유역Argenteuil Basin with a Single Sailboat〉에 주먹을 휘둘러 작품이 찢어지고 말았다. 남성은 징역 5년형에 처해졌고, 그림을 원상태로 복원하기 위해 팀이 꾸려졌다. 이들은 모네가 사용했던 물감에서부터 모든 작업 과정을 재현하기 위해 우선 그림을 현미경으로 면밀히 살폈다. 그다음에는 찢어진 부분을 따라 캔버스의 실을 한 가닥 한 가닥 복구했다. 마지막으로는 퍼즐을 맞추듯이 원래의 그림에서 떨어져 나온 백 개가 넘는 미세한 조각을 맞춰 넣었고, 빈 부분은 석고 가루로 채운 후 원래의 색과 가장 가깝게 칠했다.

이 일은 의도치 않은 반복에 대한 연구라고 볼 수 있다. 모네는 익숙한 것을 새롭게 보는 관찰력과 자신의 기술만 가지고 예술을 완성하는 데 일생을 바쳤다. 그런데 한 남자가 모네의 그림을 찢으면서 이 그림은 의도치 않게 포스트모더니즘의 영역으로 끌려들어가 버렸다. 찢어진 그림의 '포스트모던'함은 지난한 복원 과정을 통해 다시 지워지고, 그 과정에서 모네의 접근법에 대한 새로운 사실이 드러난다. 결국 모네의 그림은 세 가지 버전으로 존재하게 되는데, 그중 어떤 것이 우선인지는 우리가 결정해야 한다. 어쨌든 만약 또 다른 사람이 주먹을 날려 그림을 찢는다면, 처음 주먹질을 했던 사람은 표절이라고 불평할지도 모른다.

오마주와 표절 사이,
모방의 예술

모든 것을 다 했다면 다시 해보는 것도 좋다. 단, 이번에는 다르게. 다행스러운 점은 다르게 반복하는 것이 그리 어렵지 않다는 것이다. 사실 같은 일을 똑같이 반복하는 게 훨씬 어렵다. 복사하여 붙여넣기를 하는 게 아니라면, 두 번째 시도에서는 어떤 방식으로든 다른 표현이 들어갈 수밖에 없다. 엘리엇T. S. Eliot은 비평문 〈전통과 개인의 재능Tradition and the Individual Talent〉에서 '시는 개성의 표현이 아닌 개성으로부터의 도피'라고 주장했다. 그러나 이러한 도피의 결과로 시가 익명화되는 것은 아니다. 시는 작가의 의지와 상관없이 작가를 드러낸다. 작가가 누군가를 노골적으로 모방할 때조차도 그렇다. 엘리엇 자신도 〈황무지The Waste Land〉를 쓰며 17세기 서사시부터 당대의 유행가까지 많은 소재를 차용했다.

니키 미나즈Nicki Minaj는 서 믹스-어-랏Sir Mix-a-Lot이 1992년 발표한 〈베이비 갓 백Baby Got Back〉의 후렴 부분을 색다르게 샘플링해 자신의 노래 〈아나콘다Anaconda〉에 사용했다. 니키 미나즈의 곡을 어떻게 생각하느냐는 질문에 서 믹스-어-랏은 정말 마음에 든다며 특히 '분위기가 달라진 것'이 좋다고 답했다. 〈아나콘다〉의 거침없는 가사에 비하면 원곡의 점잖은 표현은 순진해 보이기까지 한다. 니키 미나즈의 시도는 〈베이비 갓 백〉을 넘어선 것은 물론이고 원곡에 대한 인식까지 바꿔놓았다.

어디까지가 오마주이고 어디부터가 표절인지 판단하는 것은 쉬운 일이 아니다. 이를 판단하기 위해서는 끊임없이 연구하는 태도가 필요하며, 예술적 의도에 대한 신중한 고려가 필요하다. 현재를 과거에서 뻗어 나온 것으로 볼 때, 우리는 나태한 도용을 피할 수 있게 된다. 원작에 대한 이해와 존중만 있다면 직접적인 인용이나 모방으로도 많은 것을 이뤄낼 수 있다. 하지만 아무 생각 없는 모방은 무례하고 모욕적이다.

미겔 데 세르반테스Miguel de Cervantes는 자신의 작품을 샘플링해 사용하는 데 아무 거리낌이 없었다. 《돈키호테Don Quixote》의 2부는 1부가 출간된 지 10년 만에 발표되었는데, 2부에서는 등장인물들이 1부의 내용을 모두 읽어보았다는 설정이 나온다. 보르헤스는 이 설정에서 한발 더 나아가 우연히 17세기 《돈키호테》와 똑같은 작품을 쓰게 되는 20세기 작가 피에르 메나르라는 인물을 탄생시킨다. 보르헤스는 메나르의 텍스크가 훨씬 더 풍부하다고 하는데, 책들 사이에 놓인 시간과 역사적 거리 때문이라고 설명한다.

우리의 삶과 일에 영향을 주는 요소가 무수함을 고려할 때, 이미 행해진 것을 똑같이 반복하는 것은 거의 불가능에

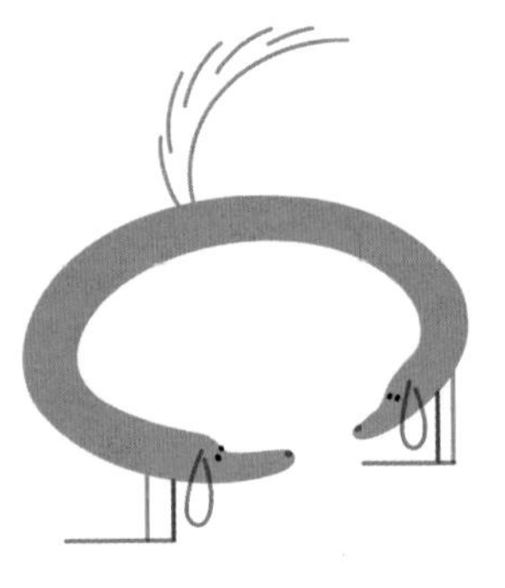

가깝다. 이러한 요소들을 무시하면 진부함과 상투성이 만연하게 되고, 새로운 것을 추구하는 과정에서 예전의 패턴이 다시 나타난다. 자기 반복을 피하기 위해서는 다른 이의 작품을 따라서 반복하고 실패해보는 것도 좋다.

발터 벤야민Walter Benjamin이 《일방통행로Die Einbahnstraße》에서 말한 바와 같이 "걸어가느냐, 아니면 비행기를 타고 위로 날아가느냐에 따라 시골길이 발휘하는 힘은 전혀 달라진다. 이와 마찬가지로 텍스트도 그것을 읽느냐 아니면 베껴 쓰느냐에 따라 발휘하는 힘이 전혀 다르다." 예술 작품을 공부하는 가장 좋은 방법은 똑같이 모방해보는 것이다. 단, 모방 사실은 분명히 밝혀야 하며, 그저 자기 꼬리를 보고 신나게 쫓는 강아지처럼 온 마음을 다해 행해야 한다. 그렇게 완성한 모방작에는 원작과 다른 불완전한 부분이 존재할 수밖에 없는데, 바로 그러한 불완전성이 모여 자신만의 스타일이 된다.

예술적 지연,
아무것도 하지 않는 것이 아닌 시간

예술을 창조하는 행위만큼이나 예술을 창조하지 않는 행위도 가치 있다. 예술적 지연은 앞으로 나올 작품에 영향을 미치거나 이미 존재하는 작품에 다른 의미를 부여할 수 있다.

예술을 창조하지 않는 것으로 가장 유명한 예술가는 아마도 마르셀 뒤샹Marcel Duchamp일 것이다. 원래부터 다작을 하지 않았던 뒤샹은 만년에 들어서자 수십 년간 아예 예술 활동을 하지 않는 것처럼 보였다. 그러나 알고 보니 이는 사실이 아니었다. 뒤샹은 1946년부터 1966년까지 비밀리에 마지막 작품을 만들었으며, 이 작품은 뒤샹의 사망 1년 후 대중에 공개되었다. 뒤샹은 유언이자 묘비명으로 "게다가 죽는 것은 언제나 타인들이다D'ailleurs, c'est toujours les autres qui meurent"라는 말을 남겼다. 불손하고 반항적이었던 작품세계와 결을 같이하는 뒤샹의 묘비명은 그가 던지는 농담이기도 하다. 누구나 영원히 들을 수 있게 된 이 농담은 사실 농담을 던지는 이의 부재 속에서만 힘을 발휘한다.

조너선 몽크Jonathan Monk의 사진 연작인 〈유명인을 기다리며Waiting for Famous People〉는 공항 입국장에서 엘비스 프레슬리, 퀸, 마르셀 뒤샹 등 유명인들의 이름이 적힌 팻말을 들고 있는 작가의 모습을 찍은 작품이다. 몽크는 뒤샹이 보여주었던 지연의 철학에 대한 헌정으로 처음 작품을 발표한 지 10년 만에 다시 공항을 찾아 같은 퍼포먼스를 했다. 시간이 흐른 후 예전에 했던 행동을 반복하면 낯선 거리감을 느낄 수 있다. 이를테면 공항에 재방문한 일이 마치 더 이상 내 일 같지 않게 느껴진다. 마치 또 다른 피에르 메나르가 관여한 일인 것 같은 느낌이 드는 것이다. 예술적 지연은 떠오른 아이디어를 당장 탐구하기보다 잠시 마음의 온실에서 키우며 바라보는 것이다. 그 아이디어는 성장하거나 부패하거나 새로운 것으로 자라날 수도 있고, 죽어서 온실 속 흙의 영양분이 될 수도 있다.

실제로든 비유적 의미로든, 우리가 대기실에서 보내는 시간은 결코 짧지 않다. 그곳에서 보내는 시간들을 모두 합해 일상의 자질구레한 일에 쓸 수도 있고, 계획한 일의 윤곽을 잡는 데 쓸 수도 있다. 대기실 외에도 그렇게 지연된 시간을 쓸 수 있는 공간은 꽤나 많다. 보통 우리가 아무것도 하지 않지만, 아무것도 아닌 일을 할 수 있는 공간이다.

복도, 화장실, 버스, 길거리, 공원, 비행기, 공항, 기차, 엘리베이터, 벤치, 고양이나 주로 앉아 지내는 동물 아래(고양이나 그런 동물이 무릎 위에 올라와 있을 때), 정원, 묘지 등등.

충분한 숙고를 거치지 않은 지연은 주어진 시간과 공간을 모두 앗아가 버릴 수도 있다. 장-필리프 투생Jean-Philippe

Toussaint은 자신의 예술적 과정을 인내와 긴급, 두 상태로 나눴다. 인내와 긴급은 서로 모순되는 성격을 지녔지만 함께 일한다. 아무리 서로 대립되는 원칙이어도 우리는 그것을 동등하게 발전시킬 수 있다. 하지만 서로 합해버려서는 안 된다. 흑과 백의 팔레트가 회색의 팔레트보다 선명하다.

어느 한 극단으로 기우는 것은 쉽다. 양 극단의 가치를 모두 유지하는 것은 결코 쉽지 않으며, 그 사이에서의 균형 잡기는 예술가를 늘 깨어 있게 하고 기민하게 한다. 이탈로 칼비노는《다음 천 년을 위한 여섯 개의 메모Sei proposte per il prossimo millennio》에서 자신이 생각하는 문학의 덕목을 대립되는 가치와 함께 묶어 소개한다. 단독으로 존재하는 가치는 무의미하다. 가벼움은 무거움이 있어야 존재하고, 무거움은 가벼움이 있어야 존재한다. 어느 한순간 떠오른 영감은 이전까지의 기다림 덕분에 빛날 수 있다.

칼비노의 개념에 따라 생각해볼 때, 당면성을 인정하지

않고는 지연의 의미를 제대로 이해하기 어렵다. 이반 브루네티Ivan Brunetti는 《카툰 그리기: 원리와 연습Cartooning: Philosophy and Practice》에서 같은 얼굴을 차례로 백 번 그리는 연습을 제안한다. 이 연습은 시각적 기호와 그리기 기술을 탐색하고 개발하는 데 초점을 두고 있다. 똑같은 얼굴을 연이어 그리다 보면 아주 작은 차이도 큰 중요성을 지니게 된다. 일관성 없는 결과물을 통해 우리는 자신의 독특한 기질과 버릇을 알게 된다.

평론가인 비비안 메르시에Vivian Mercier가 사뮈엘 베케트Samuel Beckett의 《고도를 기다리며En Attendant Godot》를 보고 "아무 일도 일어나지 않는 연극, 그것도 두 번씩이나"라고 평한 사실은 유명하다. 이 평가를 비판으로 볼 수도 있지만, 한편으로는 칭찬으로 받아들일 수도 있다. 2막으로 구성된 연극에서 1막의 내용을 비슷하게 반복하는 2막에서 관객이 졸지 않게 만드는 것도 꽤 대단한 일이기 때문이다. 반복은 익숙한 퍼즐의 새로운 해법을 찾게 해줄 수 있으며, 때로는 앞서 사용했던 해법의 새로운 면을 보여주기도 한다.

1998년, 서른한 살의 도미니크 고블레Dominique Goblet와 일곱 살 난 딸 니키타 포술Nikita Fossoul은 주기적으로 서로의 얼굴을 그리기로 결정했다. 10년 후 모녀는 서로를 그린 초상화들을 모아 《크로노그래피Chronographie》라는 책을 출간했다. 이 책은 시간의 흐름, 성장, 경험, 그리고 모녀가 담아내고 흘려보냈을 찰나의 감각들에 대한 헌정이다. 책에는 순간의 가벼움과 더불어 완성까지 걸린 여러 해의 무게가 담겨 있다. 낭비된 시간은 전혀 없다.

지연된 시간은 우리로 하여금 상황을 파악하고 주변을 더 잘 이해할 수 있게 해준다. 또한 지연은 인내를 배우는 좋은 방법이기도 하다. 토베 얀손Tove Jansson의 만화에서 주인공 무민은 예술계에 입문한 지 얼마 되지 않아 이렇게 외친다. "난 그저 감자를 키우고, 꿈을 꾸면서 평화롭게 살고 싶다고!" 무민은 풍성한 베레모를 쓴 채 이 말을 외치고는 몇 발자국 걸어가 절벽 아래로 뛰어내린다. 어떤 형태가 됐든 예술이란 엄청난 인내를 요구한다. 그러나 때로는 무조건 밀고 나가기보다 모든 도구를 기꺼이 내려놓을 만한 의지 또한 필요하다.

올리비에 슈라우웬Olivier Schrauwen은 독자들에게 자신의 그래픽 노블 《아르센 슈라우웬Arsene Schrauwen》을 읽을 때 한 번에 다 읽지 말고 한 챕터를 읽을 때마다 내려놓아 달라고 요청했다. 처음에는 한 주 동안, 다음에는 두 주 동안 쉬었다 보는 식으로 말이다. 독자들이 실제 슈라우웬의 말대로 할지는 미지수지만, 이런 식의 쉬어 읽기는 더 적극적인 독서로 이어질 수 있다. 시간이 지나며 등장인물의 이름과 디테일, 이야기의 패턴에 대한 기억이 흐릿해지기 때문이다. 독자들은 작가의 요청이 있건 없건 '끊어 읽기'를 통해 책과 소통하고 협력할 수 있다.

아그네스 마틴Agnes Martin은 막 예술가로서 명성을 떨치기 시작하던 1967년 돌연 뉴욕의 작업실을 떠났다. 마틴은 미술 용품들을 주변에 다 나눠주고 미술계를 떠나서는 7년 동안 그림을 그리지 않았다. 그 기간 동안 그녀는 뉴멕시코와 자신의 고향인 캐나다를 여행했다. 마틴은 1974년 다시 미술계로 돌아왔다. 트레이드 마크였던 격자무늬는 수직의 띠로, 가라앉은 유채색은 생생하고 선명한 색으로 바뀌어 있었다. 마틴이 갑자기 여행을 떠났던 이유는 공백 이후 그녀가 그린 그림 속에 나타나 있다. 좀처럼 인터뷰를 하지 않았던 마틴은 1979년 《아트뉴스ARTnews》와의 인터뷰에서 이렇게 말했다. "우리는 모두 똑같은 내면의 삶을 가지고 있어요. 차이는 인지에 있죠. 예술가는 그것이 무엇인지 알아볼 수 있어야 해요." 가끔은 그 인지라는 것에 무척 오랜 시간이 걸리기도 한다.

예술계를 돌연 떠났을 당시 아그네스 마틴의 나이는 쉰

다섯이었다. 그녀는 아흔둘 나이에 세상을 떠나기 몇 달 전 마지막 그림을 완성했다. 카르멘 에레라Carmen Herrera는 수십 년 동안 독창적인 작품을 왕성하게 내놓은 끝에 여든 나이에 첫 그림을 팔았다. 빌 트레일러Bill Traylor는 여든다섯에 처음으로 그림을 그렸지만, 아르튀르 랭보Arthur Rimbaud는 스물한 살에 글쓰기를 그만두었다. 예술의 타임라인은 모두에게 다르며, 예술가가 세상을 떠나기 전에는 전체를 볼 수가 없다.

완성과 미완성의 차이, 여백을 읽는다는 것

모든 예술 작품은 자신만의 구상을 담고 있다. 로버트 모리스Robert Morris의 작품 〈만드는 소리를 담은 상자Box with thc Sound of Its Own Making〉는 예술적 과정을 문자 그대로 작품의 중심에 담았다. 나무로 만들어진 이 상자의 중심에서는 작품을 만드는 세 시간 반 동안 녹음한 소리가 흘러나온다. 전시된 상자는 이미 완성되었지만, 그 안에서 들려오는 소리는 미완성의 고리를 끝없이 맴돈다.

고대 그리스의 시인 사포Sappho의 작품은 부분적으로만 남아 있다. 영어로 번역된 사포의 시에서 불완전한 문장은 번역자에 따라 다르게 처리되었다. 일부는 원문의 빈 부분을 그

대로 남겨두었고, 일부는 단어들을 배치하여 흐름을 만드는 방식을 택했다. 우리는 공백 속에 존재했을 사포의 글을 상상해볼 수도 있고, 역사적·문학적 맥락과 별개로 현재의 문장을 그대로 감상할 수도 있다.

우연히 듣게 된 대화 한 조각이 전체 내용을 들은 것보다 우리의 정신을 더 고양시킬 수도 있다. 우리가 살면서 마주치는 거의 모든 것은 미완성이다. 작가의 의도이든 아니든, 표면 아래에는 늘 뭔가가 숨겨져 있다. 창작물을 되짚어봄으로써 우리는 작가의 작품 설계, 창작 과정, 영감을 들여다볼 수 있게 된다.

완성되지 않은 작품은 다양한 가능성을 보여준다. '완성'이라는 단어는 예술가와 그 고객들이 붙여놓은 이름표일 뿐이다. 아람 사로얀Aram Saroyan의 시 중에는 마침표도 없이 단어 몇 개로 끝나는 작품들이 꽤 있다. 그러나 집중해서 읽어보면 인쇄된 단어가 시의 전부는 아니라는 것을 알 수 있다. 단어와 단어 사이의 공간, 행과 행 사이의 공간을 비롯한 모든 것이 시의 일부다.

이러한 접근법을 따른다면, 창작과 창작물을 소비하는 행위 사이의 거리는 그리 멀지 않아서 어렵지 않게 건너뛸 수 있다. 우리가 만나는 모든 예술 작품은 우리의 지각 속에서 복제된다. 보고 듣는 것도 그림을 그리고 노래를 하는 것만큼 창의적인 일이 될 수 있다.

단순한 반복을 넘어선 다시 읽기의 가치

읽기는 통찰의 한 방식이고, 통찰은 읽기의 한 방식이다. 글을 잘 쓰는 사람 중 좋은 독자가 아닌 사람을 찾기는 어렵다. 불가능한 것까지는 아니라 하더라도 말이다. 읽기는 단순히 단어를 메시지로 해독해내는 것 이상의 행위이며, 일종의 예술적 기술이다. 그런 까닭에 읽기는 '재능'이라는 모호한 개념에 기대기보다 노력을 필요로 한다. 어떤 사람들은 예술적 탁월함이란 타고난 재능이라고 우겨대지만, 실제 창작 활동을 해본 사람이라면 이러한 착각을 가볍게 떨쳐버릴 것이다.

같은 책이어도 점심시간에 대강 훑어볼 때와 저녁에 조용히 음미할 때 전혀 다른 인상을 남기게 된다. 밥을 먹으며

책을 읽는 것 자체가 잘못됐다는 건 아니다. 특히 식사가 그저 영양 공급을 위한 거였고 책도 지루한 것이었다면 더욱 그렇다. 그러나 한 시간만이라도 오로지 책에만 집중한다면, 그것은 충분히 보람 있고 인상적인 경험이 될 것이다.

타인의 예술에 들이는 시간은 우리 자신의 예술에 들이는 시간만큼이나 중요하다. 또한 익숙한 작품을 다시 볼 때, 우리는 그것이 담고 있는 발상과 노력에 대해 한층 깊이 이해할 수 있게 된다. 블라디미르 나보코프Vladimir Nabokov는 "좋은 독자, 상위의 독자, 적극적이고 창의적인 독자는 바로 다시 읽는 독자다"라고 말했다. 더 넓은 의미에서 생각해보면 읽은 것을 다시 읽는 행위는 다른 모든 매체에도 적용할 수 있다. 예술 작품의 가치는 시간이 지나도 고갈되지 않는다.

이러한 태도는 예술을 벗어난 영역에도 적용된다. 우리는 모두 자신의 경험을 꿈에서, 갑자기 떠오른 기억에서, 의식적인 생각 속에서 다시 읽어본 적이 있다. 매일 반복되는 의례적인 일들도 가까이 다가가 살펴보고 그 안에서 벌어지는 사소한 변화와 일탈을 알아챈다면 영감의 원천이 될 수 있다.

번역 속의 예술,
번역으로서의 예술

나보코프는 회고록 《말하라, 기억이여Speak, Memory》의 영어판과 러시아어판 모두를 5년에 걸쳐 수차례 고쳐 썼다. 이는 인간의 기억이 끊임없이 변화한다는 사실을 단적으로 보여준다. 설사 그것이 자기 삶에 대한 기억인 경우에도 말이다. 다와다 요코多和田 葉子의 소설 《눈의 연습생雪の練習生》에서는 번역이라는 주제가 책 줄거리에 등장할 뿐 아니라 이 이야기를 집필하는 단계에서도 나타난다. 다와다 요코는 이 책을 일본어로 먼저 집필한 후 독일어로 번역했는데, 책 줄거리에서도 주인공 북극곰이 자신의 이야기를 쓴 다음 독일어로 번역하는 내용이 나온다. 집필 과정과 책 줄거리가 서로 얽히며 상호 의존적인 관계가 되었다. 영어판(Memoirs of a Polar Bear)으로 번역할 때는 같은 서양 언어인 독일어에서 옮기는 것이 더 용이하리라는 생각에 편집자에게 독일어판을 기준으로 해달라고 요청했다고 한다. 그런가 하면 사뮈엘 베케트는 제임스 조이스라는 스승의 막대한 영향 아래 모국어인 영어(아일랜드 출신이었다)를 갈고 닦았지만, 나중에는 프랑스어로 작품을 집필했다. '결핍'되고 싶다는 이유에서였다. 베케트는 단 한 권을 제외하고 자신의 모든 작품을 직접 영어로 번역했다. 자신이 설계한 우회로를 통해 다시 모국어로 돌아온 셈이다.

보르헤스는 번역을 직역과 의역, 두 가지로 나눴다. 직역은 정확함에 닿으려 애쓰고, 의역은 대체물을 찾는다. 어느 쪽이 됐건, 번역이라는 개념은 텍스트라는 매체를 넘어서도 적용될 수 있다. 일례로 시에 영감을 받아 그린 그림도 일종의 번역이다. 자신의 매체 밖에서 영감을 받은 예술가들은 더 큰 창의력을 발휘할 수 있다. 영감의 원천과 결과물 사이의 거리가 멀수록 결과물은 더욱 독창적인 경향이 있다.

세사르 아이라César Aira가 소설《문학 콘퍼런스El congreso de literatura》에서 보여준 것도 바로 이러한 부분이다. 소설의 화자에 따르면 독창성은 우리가 읽는 책들의 다양성에 정비례한다. 어떤 사람들은 마음에 드는 작가들의 작품을 찾아 읽는 것에 만족하지만, 거기서 한발 더 나아가 취향에 전혀 맞지 않는 책까지 읽는 이들도 있다. 시에서 영감을 받아 그린 그림은 다른 그림에서 영감을 받아 그린 그림보다 더 독창적일 가능성이 높다. 반드시 예술을 해야만 이러한 접근법의 장점을 느낄 수 있는 것은 아니다. 우리가 일상에서 내리는 결정들은 자신의 의견이나 지식이 아닌 지난번 읽은 책의 내용에 따른 것일 수도 있다.

재즈 뮤지션 찰스 밍거스Charles Mingus는 〈더 블랙 세인트 앤드 더 시너 레이디The Black Saint and the Sinner Lady〉라는

앨범을 내면서 심리상담사인 에드먼드 폴록Edmund Pollock에게 레코드 재킷에 넣을 앨범 설명을 써달라고 부탁했다. 음악 평론에 대해서는 전혀 아는 게 없었던 폴록은 앨범에 실린 곡들의 음악성을 평가하기보다는 찰스 밍거스의 곡 여기저기에서 느낄 수 있는 그의 삶과 자아에 대한 정신분석학적 평가를 시도했다. 밍거스는 작품에 있어서도 그 외의 것들에 있어서도 실험을 두려워하지 않았다. 밍거스의 레코드 재킷은 그 안에 담긴 레코드와 함께 음악사에 길이 남는 작품이 되었다.

상자 밖에서 생각할 때 보이는 것들

시대와 문화를 넘나드는 다양한 스타일과 매체에 우리를 노출시키는 것은 혼란스러운 일이 될 수도 있지만 우리의 역량을 강화하기도 한다. 이러한 행동은 우리로 하여금 끊임없이 안락한 영역 밖으로 나가게 하며, 자신의 입맛에 맞는 틀 안에 갇히는 것을 막아준다. 물론 안락한 공간에 숨어 자신의 관심을 끄는 것에만, 지적으로 무리하지 않는 수준의 것들에만 범위를 제한한 채 지낼 수도 있다. 그러나 이러한 태도는 지적 지평을 협소하게 만들고 결국 별 볼일 없는 평범함과 무지 속으로 우리를 퇴화시킨다. 삶에서 일어나는 모든 사건들을 다양한 작가들이 쓴 이야기를 모아놓은 방대한 모음집이라고 생각해보자. 이러한 이야기들 중 일부는 편하고 익숙하겠지만 일부는 혼란스럽고 불편할 것이다. 모든 이야기를 편견 없이 읽어낼 수 있다면 세상이라는 도서관의 모든 책에서 배울 수 있고, 그렇지 않다면 어느 서가 한구석에서 읽던 것만 읽게 될 것이다.

아무리 뻔한 '클리셰cliché'여도 새로운 관점으로 볼 수 있고, 언어를 통해, 역설을 통해, 부조화를 통해 뒤집어볼 수 있다. 옛날에는 작가들이 책 속에서 독자들에게 직접 말을 거는 것이 흔한 일이었지만, 요즘에는 이런 스타일의 책을 거의 찾아볼 수 없다. 크리스틴 몬탈베티Christine Montalbetti는 21세기 작가지만 오래전 작가들이 썼던 그 기술을 사용해 독자들이 수동적으로 화자의 이야기를 따라가기보다 텍스트 안에서 벌어지는 대화에 참여할 수 있도록 초대한다. 몬탈베티는 소설이라는 매체의 특성과 한계를 인지하고, 이미 성립되어 있던 형식을 그저 전통이나 관습으로 받아들이기보다 그것에 대해 끊임없는 질문을 던진다.

실제 현실에서 영감을 받아 작품을 만들어도 그 작품과 현실은 정반대일 수 있다. 예니 에르펜베크Jenny Erpenbeck는 《가디언》과의 인터뷰에서 이렇게 말했다. "쓰려고 마음먹은 이야기와 소재가 일치하지 않을 때가 좋아요. 더 공들여 생각하게 되거든요." 에르펜베크의 소설 《방문Heimsuchung》은 허구의 작품만이 줄 수 있는 가벼움으로 수십 년의 역사를 연결한다. 작가는 베를린 근교 호숫가 근처의 집과 연관된 정원사를 주인공으로, 이 집에 살았던 여러 사람들의 시선을 통해 독일 현대사와 촘촘하게 엮인 이들의 삶을 보여준다. 이때 화자의 목소리는 스타일이나 단어의 선택에 있어 사건 가까이에 머물면서도 이 사건을 나중에야 깨닫게 되는 현재의 지식과 긴밀히 연결된다. 에르펜베크는 이러한 방식을 활용함으로써 '시간의 흐름 바깥에서 생각'할 수 있다고 한다. 역사적 사건들에 대한 인식은 작품과 직접적인 연관이 없는 경우에도 작품에 영향을 미친다.

고정관념에서 벗어나 상자 밖에서 생각하기 위해서는 우선 상자 안을 구석구석 탐색할 필요가 있다. 마찬가지로 한 분야를 포기하기 전에는 우선 그 분야를 연구하고 연습해보는 것도 좋다. 물론 너무 심각하게 생각할 필요는 없다. 원하는 분야를 즐기며 시간을 보내는 중에 구석구석 그 분야를 살펴보며 혹시 포기해야 할 이유도 있는지 함께 생각해보면 되는 것이다. 새로운 것을 시도하기 위해 꼭 매체나 언어를 바꿔야 하는 것도 아니다. 그저 거리를 조금 두는 것만으로도 충분하다. 사다리를 놓고 올라가서 봐도 좋고, 더 멀리 가고 싶다면 산에 올라가서 내려다봐도 좋다. 물리적인 거리가 아닌 정신적인 거리를 둔다면 사다리나 등산 장비도 필요하지 않을 수 있다.

자신의 시각을 벗어날 수 있다면 일상의 장면들은 다른 관점으로 해석될 수 있다. 물론 우리가 스스로를 바깥에서부

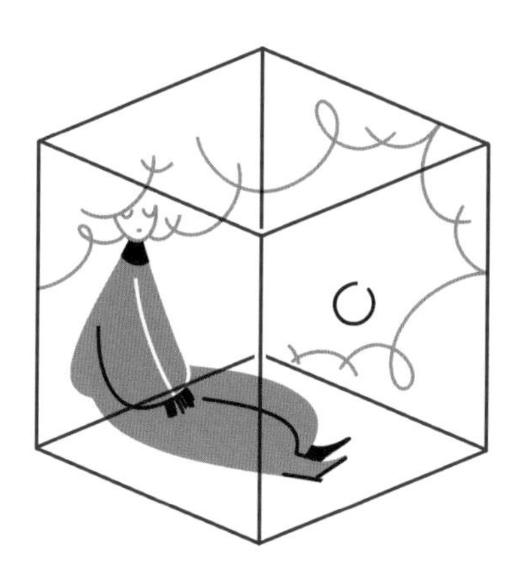

터 보는 것은 거의 불가능하다. 하지만 그동안 이해하지 못한 것들에 대한 관점에 약간의 변화를 주는 것만으로도 더 깊은 이해로 이어질 수 있다.

언어는 단순한 소통 수단이 아니다

예술의 시작과 끝은 소통의 어려움에서 비롯된다. 로베르트 발저Robert Walser는 말년에 작은 종잇조각에 암호 같은 이야기들을 셀 수 없이 적었다. 이 이야기들은 나중에 해독되어 《미크로그람Mikrogramme》이라는 책으로 묶여 나왔는데, 출간이나 독자를 염두에 두고 쓴 글이 아니기 때문에 상당수가 사라지거나 작가에 의해 버려진 후였다.

지금까지 인류가 생산해낸 모든 텍스트 중 예술적 감상을 목적으로 한 것의 비율은 미미하다. 나머지는 정보 전달을 목적으로 하는 텍스트, 단어 전달 외에는 별다른 이유 없이 쓴 텍스트가 차지한다.

1980~1990년대 러시아의 엘리베이터는 낙서 위에 낙서가 겹친 그야말로 거대한 낙서판이었다. 엘리베이터 내부 벽은 천장에서 바닥까지 가벼운 욕설, 외설적인 시, 밴드 로고, 엉성한 영어로 끼적인 'Kurt Coban is lives'(커트 코베인 Kurt Cobain을 말한 것일 게다), 좋은 의도로 썼을지는 모르나 폭로가 되어버린 이웃의 성병에 대한 무신경한 경고 같은 것들이 당시 정권에 대한 이런저런 말들과 함께 뒤엉켜 있었다. 가끔은 꽤 긴 글도 있었지만, 애초에 반동적인 글을 쓰는 것을 목적으로 엘리베이터를 탄 사람은 거의 없었을 것이다. 엘리베이터라는 별로 할 일 없는 공간에서 쓰인 메시지들은 수신인이 없고, 자기 검열이 거의 없으며, 아무 목적도 지니고 있지 않다. 시간이 흐르며 엘리베이터 속의 글들은 거의 지워져 기억에서 사라졌고, 이제는 게시판과 채팅방이 그 역할을 대신하게 되었다. 그러나 글을 쓰고, 반복하고, 반박하려는 욕구는 늘 우리의 의식 속에 내재되어 있다. 예술의 형식, 혹은 소

통의 형식은 분출된 언어를 담아내고 의미의 외피를 씌우기 위해서만 존재한다.

앤 카슨Anne Carson이 기원전 6세기 그리스의 서정시인 이비코스Ibykos의 단편斷片을 번역하면서 한 실험도 이와 맥을 같이한다. 카슨의 번역은 모두 여섯 가지 버전이다. 그녀는 각각 존 던John Donne의 〈여자의 정절Woman's Constancy〉, 사뮈엘 베케트의 〈게임의 끝Fin de partie〉, 런던 지하철의 표지판과 역 이름, 전자레인지의 사용설명서에 등장하는 단어만을 사용하여 여섯 가지 번역을 시도했다. 카슨은 문학으로 쓰인 글과 안내문을 차별하지 않으며, 그 어떤 것도 우러러보거나 깔보지 않고, 그렇다고 모든 것을 중립적으로 보지도 않는다. 카슨은 명확한 정의를 내리기보다 상황에 맞게 자유로운 태도를 취한다.

걱정이나 불안이 찾아올 때 눈에 띄는 종이에 걱정거리들을 모두 적으면 도움이 될 때가 있다. 소용돌이치던 단어들이 잠잠하게 가라앉으면, 모든 것이 적힌 그 종이를 버리거나 나름의 의식을 거쳐 처리하면 된다. 이것은 주위 사람들을 괴롭히지 않고 우리가 차마 말로 내뱉지 못할 것들을 밖으로 내보내는 간단한 방법 중 하나다. 이러한 방식은 종종 당면한 문제보다 더 큰 무언가에 대한 단서를 제공하기도 한다.

언어는 단순한 소통 수단이 아니다. 소통을 넘어설 때도 있고, 간혹 소통 자체가 아닐 때도 있다. 머릿속으로 혹은 소리 내어 혼잣말을 할 때 우리는 정확히 무엇을 소통하는 걸까? 많은 것을 소통하는 것일 수도, 아무것도 소통하지 않는 것일 수도 있다. 혼잣말을 할 때 중요한 것은 어쩌면 소통보다 우리의 생각에 목소리와 형태, 색깔을 주고 싶은 욕구일 것이다. 이런 식의 수사는 사실 누구에게나 가능한 것이다. 하지만 말을 듣고 발화가 지닌 힘의 이면을 이해하기 위해서는 인내심과 자기 성찰이 필요하다.

우리의 과거는 어딘가 다른 곳에 있다

예술적인 관점에서 볼 때 기억의 가장 좋은 점은 바로 그것이 늘 제대로 작동하는 것은 아니라는 데 있다. 기억이라는 행위는 '다시 보기'라기보다 '재연'이다.

과거는 허구다. 그렇기 때문에 과거는 과거가 허구라는 말을 포함해서 그에 수반되는 모든 클리셰의 대상이 되기도 한다. 가스통 바슐라르Gaston Bachelard는 《공간의 시학La poetique de l'espace》에서 "우리의 과거는 어딘가 다른 곳에 있고, 시간과 장소는 비현실감으로 가득 차 있다"고 말했다. 바로 이 비현실감에서 기억의 모순과 그로 인한 예술적 잠재성이 나오게 된다.

프랑스의 사진작가이자 개념미술가 소피 칼Sophie Calle은 이사벨라 스튜어트 가드너 미술관에서 열세 개 작품을 도난당하는 사건이 일어난 후 큐레이터와 경비원을 비롯한 직원들을 인터뷰하며 도난당한 작품들에 대해 기억하고 있는 것들을 물었다. 그들의 답변은 개인의 기억과 집단의 기억에 대한 일종의 헌사다. 그들의 기억은 수많은 작품들이 여전히 걸려 있는 '보이지 않는 미술관'이다. 우리 모두는 그런 미술관을 하나쯤 갖고 있다. 일반에 공개할 수도, 입장료를 징수할 수도, 학생 할인을 해줄 수도 없지만 말이다.

매일 그린다고
예술가가 되지는 않지만

충분한 성찰을 거치지 않은 상태에서 이루어지는 반복 행위는 정신을 둔감하게 만들 수 있다. 무언가를 계속해 나간다는 개념은 우리 마음에 위로를 주지만, 그것은 우리에게 도움이 될 수도 방해 요인이 될 수도 있다. 매일 그림을 그린다고 더 나은 예술가가 되지는 않는다. 그저 그림을 더 잘 그리게 될 뿐이다. 잠시 멈춰 서서 바라보지 않는다면 반복이 가져다주는 효과를 살펴볼 시간이 없다.

미국의 시트콤 〈사인펠드Seinfeld〉는 첫 방영 후 몇 시즌 만에 큰 인기를 누렸다. 세트장의 관객들은 익숙한 인물이 등장할 때마다 환호성을 질렀다. 특히 괴짜 이웃 크레이머가 갑자기 문을 벌컥 열고 들어오는 특유의 장면에서는 환호성 때문에 귀중한 촬영 시간을 잃곤 했다. 결국 공동 제작자인 래리 데이비드Larry David는 등장인물이 들어올 때 관객들이 박수하는 것을 금지했고, 출연자들은 그제야 대본에 맞춰 연기를 할 수 있었다고 한다.

우리는 과거 우리에게 영향을 주었던 것들에 쉽게 애착을 갖는다. 자연스러운 현상이지만, 이런 애착은 미지의 것에 대한 판단뿐 아니라 익숙한 것에 대한 판단도 흐리게 한다. 익숙함에 대한 애착은 단기적 위안에 중독되는 원천이 되기도 한다. 그 결과 우리는 이미 뭔가를 좋아하지 않게 된 후에도 그것에 대한 애착을 보인다.

반복은 정신을 둔감하게 만들 수도 있지만, 실험의 촉매제가 될 수도 있다. 그 차이는 반복을 다루는 방식에서 온다. 사려 깊게 접근한다면 지루한 반복이나 심지어 베껴 쓰는 행위도 강력한 예술적 기법이 될 수 있다.

로베르토 볼라뇨의 소설 《2666》에서 가장 긴 4부 '범죄에 관하여'는 산타 테레사라는 가상의 마을에서 벌어진 112명 여성에 대한 살인을 기록한다. 화자는 무심하고 건조한 어투로 이 사건들을 쭉 읊어나간다. 거의 300페이지에 달하는 분량을 채운 반복적인 내용을 읽어나가다 문득 느껴지는 지루함은 어딘가 모를 불편함이 되고, 독자들은 점차 죄책감을 느끼게 된다. 볼라뇨는 자신의 의도를 직접적으로 밝히기보다 반복이라는 도구가 지닌 성질을 활용하여 더 큰 자각을 불러일으킨다.

조지 헤리먼George Herriman의 만화 〈크레이지 캣Krazy Kat〉 시리즈에는 주인공인 고양이와 개, 생쥐의 삼각관계가 거의 매회 등장한다. 고양이는 생쥐에게 홀딱 반해 있다. 생쥐는 고양이에게 벽돌을 던진다. 사랑에 빠져 제정신이 아닌 고양이는 생쥐가 던진 벽돌을 애정의 표시로 오해한다. 한편 고양이를 사랑하는 개는 생쥐를 체포한다. 고양이는 생쥐가

범죄자라는 걸 믿을 수 없다며 개의 구애를 뿌리치고, 감옥에 갇힌 생쥐를 그리워한다. 그렇다. 꽤 복잡한 얘기다. 조지 헤리먼은 이 삼각관계에 어떤 결말도 맺지 않은 채 기발한 말장난과 구성, 스토리로 30년이라는 기간 동안 연재를 이어갔다. 실력 없는 만화가였다면 〈크레이지 캣〉의 반복적인 스토리는 막다른 골목이 되었겠지만, 헤리먼에게는 무한한 영감의 원천이 되었다.

클라리시 리스펙토르Clarice Lispector는 마르셀 에메Marcel Aymé가 와인에 관하여 쓴 '2부'로 구성된 소설을 요약하여 〈내 방식대로 쓴 두 이야기Duas histórias a meu modo〉라는 작품을 써냈다. 그녀의 스타일로 다시 쓴 마르셀 에메의 이야기는 다른 이야기가 된다. 이와 마찬가지로, 같은 내용이어도 화창한 날에 쓴 이야기와 비 오는 날에 쓴 이야기는 달라질 수밖에 없다. 우리는 아주 간단한 소식을 전할 때조차 자기도 모르게 자신만의 해석을 덧붙이게 된다. 다시 말해, 그 소식을 자신만의 이야기로 다시 쓰는 것이다. 우리가 일상에서 나누는 대화를 둘러싼 허구의 연결망은 우리가 아는 모든 도서관의 범위를 뛰어넘는다.

삶이라는 헛된 노력에 온기와 형체를 부여한다는 것

글에서 문체는 본질이다. 레몽 크노Raymond Queneau는 파리의 버스 안에서 벌어진 작은 언쟁, 떨어진 단추, 모자에 대한 지극히 일상적인 이야기를 아흔아홉 가지 버전으로 써냈다. 각각의 버전은 모두 다른 문체로 쓰였다. 어떤 버전은 폭력적이고, 또 다른 버전은 편향적이며, 촉각이나 시각이나 후각적 장치를 동원해 쓰기도 하고, 두음 전환(단어의 머리글자 바꾸기)을 이용하기도 한다. 자유시, 꿈 이야기, 소네트, 심지어 송시의 형태를 띤 것도 있다.

이 아흔아홉 개의 이야기는 프랑스에서 《문체 연습Exercice de Style》이라는 책으로 출간되었다. 작품이 지닌 독특한 성질에도 불구하고 (어쩌면 그랬기 때문에 더욱) 크노는 이 작품이 다른 언어로 번역되는 것을 보고 싶어 했다. 이 책을 영어로 번역한 바버라 라이트Barbara Wright는 프랑스어로만 표현할 수 있는 일부 문체를 영어에서만 가능한 문체로 대체하기도 했다. 이렇게 하여 추가된 문체는 런던 사투리, 프랑스어에서 온 영어 단어들, 오페라식 영어를 활용한 것들이다.

1960년, 크노와 프랑수아 르 리오네François Le Lionnais는 '울리포OuLiPo'(잠재 문학 작업실Ouvroir de Littérature Potentielle의 약어)라는 실험적 문학 집단을 결성했다. 울리포는 형식적 제약을 활용해 영감을 추구하고자 했다. 울리포가 활용한 제약 중에는 간단한 것도 복잡한 것도 있었고, 개념 자체는 간단했으나 실행에 옮기기 복잡한 것도 있었다. 조르주 페렉의 《실종La Disparition》이 그 예다.(길버트 어데어Gilbert Adair는 이 책을 영어로 번역하며 《공백A Void》이라는 제목을 택했다.) 스물여섯 챕터로 이루어진 이 소설은 프랑스어에서 가장 자주 쓰이는 모음 'e'를 전혀 사용하지 않은 작품이다. 한 비평가는 책을 끝까지 읽는 동안 'e'가 없다는 것을 전혀 알아채지 못했다는 말로 페렉의 천재성과 기술을 인정했다.

페렉이 적용한 것과 같은 제약은 단순히 언어의 다양한 활용성을 실험하기 위한 장치가 아니다. 우리는 제약이 주는 과제를 풀어나가는 과정에서 더욱 정서적인 영역으로 이동할 수도 있고, 핵심적인 개념을 발전시켜나갈 수도 있다. 앤 가레타Anne Garréta의 소설 《스핑크스Sphinx》에는 성별을 알려주는 대명사가 전혀 등장하지 않는다. 이러한 제약은 작가로 하여금 사회가 부여하는 젠더 역할이라는 개념이 전혀 존재하지 않는 세상을 상상하게 한다. 이러한 상상은 젠더의 역할을 다시 한 번 생각하게 해준다.

아마도 가장 야심 찬 울리포 소설은 페렉의 《인생 사용법La vie mode d'emploi》일 것이다. 《인생 사용법》은 파리의 한 아파트를 배경으로 하는 백과사전적 해부도와 같은 소설로,

일일이 나열할 수 없을 만큼 다양한 제약이 적용된 작품이다. 페렉은 이 소설에서 바틀부스라는 인물이 일생에 걸쳐 고안하고 실행에 옮긴 장대한 프로젝트를 등장시킴으로써 무용無用한 일에 몰두하는 인간의 모습을 비교적 직접적으로 보여준다. 바틀부스의 인생 프로젝트를 요약해보자면 대략 다음과 같다.

1. 수채화 그리기를 배운다.
2. 세계를 여행하며 500개의 항구를 수채화로 그린다.
3. 500장의 수채화에 판을 덧대고, 이를 잘라 직소퍼즐로 만든다.
4. 퍼즐을 맞춘다.
5. 맞춘 퍼즐에서 덧댄 판을 떼어내고 다시 그림만 남긴다.
6. 완성된 그림들을 다시 각각의 항구로 보낸다. 20년째

되는 날에 그림의 물감을 용해시켜 다시 빈 종이만 남긴다.

바틀부스가 수립한 프로젝트에 따르면, 50년에 걸친 노력의 결과로 남는 것은 한 무더기의 빈 종이뿐이다. 물론 프로젝트는 바틀부스의 계획대로 흘러가지 않는다. 그는 마치 끝내 맞추지 못한 퍼즐 조각처럼 자신의 삶과 예술의 조각을 남겨둔 채 과업을 완수하지 못하고 죽게 된다.

삶은 살면서 우리가 쏟은 노력의 헛됨으로 정의된다. 페렉은 이 헛됨을 거부하거나 무시하기보다 오히려 찬양한다. 우주적인 관점에서 보자면 우리가 하는 모든 일들은 두려울 정도로 아무런 의미가 없다. 산적한 제약들과 퍼즐들을 풀어나가는 것은 단순히 삶의 공허함을 덮으려는 행위가 아니다. 그렇게라도 하지 않으면 텅 비었을 무언가에 온기와 형체를 부여하는 행위다.

모든 것은 제약 속에 있다. 이 책도, 이 페이지도, 이 문단도, 그리고 이 단어도. 숱한 제약들에 대한 자각은 미로를 벗어날 새로운 길을 제시해줄 수 있다. 물론 그 새로운 길이 원래의 미로보다 더 큰 미로로 이어질 수도 있지만 말이다. 스스로 강제한 제약으로 뭔가를 얻을 수 있는 분야는 글쓰기만이 아니다. 실제로 울리포의 등장 이후 우바포OuBaPo(만화), 우그라포OuGraPo(그래픽 디자인), 우이스포OuHisPo(역사), 우퀴포OuCuiPo(요리) 등 유사한 시도가 다양한 분야에서 나타났다.

일상의 경험을
더욱 맛있게 만들어주는 통찰력

삶과 예술 사이의 경계를 흐릿하게 만들면 양쪽 모두 조금은 더 즐거워진다. 아티초크는 모든 창작 활동에 대한 메타포가 되어준다. 아티초크 고갱이에 도달하기까지의 여정은 자잘한 즐거움과 쓰디쓴 실망의 느긋하고 반복적인 교차로 이루어져 있다. 아티초크 잎을 하나씩 떼며 고갱이에 도달한 순간 발아래를 내려다보면 원래 아티초크만 한, 아니면 그보다 더 커 보이는 잎들이 수북이 쌓여 있을 것이다. 물론 잎을 하나씩 떼어내지 않고 처음부터 아티초크를 그냥 반으로 잘라버릴 수도 있다. 하지만 둘로 잘려버리며 고갱이를 드러낸 아티초크는 구이 요리를 하기에 좋을지는 모르나, 메타포로서는 혼란스럽게 느껴진다.

아티초크 이파리를 하나씩 떼어내는 것까지는 평화로운 과정이다. 하지만 요리는 모험심과 창의력이 필요한 일이다. 페렉의 책에 등장하는 모로 부인은 손님들에게 색깔로 개념화한 식사를 대접한다. 예를 들면 소련에서 온 손님에게는 연어 알, 비트로 만든 차가운 보르쉬 수프, 크레이피시 칵테일, 소고기 카르파초, 세 가지 붉은 과일로 만든 샐러드로 구성된 '붉은' 저녁 식사를 대접하는 식이다. 물론 이런 식의 메뉴 개발은 전문 셰프나 소설 속 괴짜에게 맡기는 게 좋겠지만, 평범한 식사에서도 장난기를 조금만 발휘한다면 예술적 깊이를 더할 수 있을 것이다.

페렉은 제목만 봐도 내용을 짐작할 수 있는 〈1974년 한 해 동안 내가 먹어치운 음식 목록을 기록하기 위한 시도〉라는 글을 썼다. 장식적인 글은 아니지만, 이 작품은 마치 산문시 같은 느낌을 준다. 일견 쇼핑리스트 같기도 한 이 목록에

는 아티초크가 네 번 등장하고, 엄청난 양의 와인과 치즈가 등장한다. 가끔은 삶의 패턴을 주의 깊게 살피는 것만으로도 일상을 더 흥미롭게 만들 수 있다.

늘 먹던 음식에서 벗어나 특별한 음식을 먹는 것은 분명 기억에 남는 경험이 될 수 있지만, 산해진미도 계속해서 먹다 보면 점차 뭘 먹었는지 기억할 수 없게 된다. 아무 생각 없이 새로운 경험만 좇으면 오히려 더 큰 지루함이 이어지기도 한다. 비범한 것에 감동을 받는 것은 쉽지만, 일상에서 영감을 찾는 것은 어려운 일이다. 그러나 노력할 가치는 충분히 있다. 이러한 노력은 매일을 더욱 맛있게 만들어준다. 또한, 날카로운 통찰력은 새로운 경험을 더욱 강렬하게 만들어준다.

실수와 실패의 이야기에 담긴 진실

혁신은 종종 우연히 일어난다. 우리는 모두 실수를 하지만, 이를 예술적 도구로 승화하기 위해서는 호기심과 기지가 필요하다.

젊은 시절 사뮈엘 베케트는 홍채염이 점점 악화되고 있던 제임스 조이스의 문하에서 조수로 일했다. 리처드 엘만Richard Ellmann은 제임스 조이스의 전기에서 이런 일화를 소개한다. 조이스가 《피네간의 경야Finnegans Wake》를 집필하던 당시, 조이스가 내용을 불러주고 베케트가 이를 받아 적은 부분이 몇 군데 있었다고 한다. 한번은 둘이 작업을 하던 중에 누군가 방문을 두드려 조이스가 "들어오세요"라고 답했는데,

노크 소리를 듣지 못한 베케트가 이를 소설의 일부라 생각하고 그대로 받아 적어버렸다. 나중에 작품을 확인하던 중 실수가 밝혀졌지만, 조이스는 베케트에게 그 부분을 지우지 말고 그대로 두라 했다. 물론 이 일화가 사실인지 의문을 제기할 수는 있겠지만, 이는 파울 클레의 고양이 이야기와 마찬가지로 사실 여부를 떠나 예술적 진실로 기억될 수 있다.

밴드 '더 폴The Fall'의 리드 싱어 마크 스미스Mark E. Smith는 믹싱 초기에 〈페인트워크Paintwork〉라는 곡을 듣던 중 실수로 녹음 버튼을 눌러 호텔 룸에서 흘러나오던 TV 소리를 녹음하고 말았다. 스미스는 이를 수정하지 않고 녹음 버튼이 눌리는 소리와 TV 소리를 완성곡에 그대로 남겨두었다. 실수로 녹음된 소리들은 때로는 지적이고 때로는 비현실적인 내용들이 광고 슬로건과 마구 섞여 있는 난해한 가사와 완벽하게 어울렸다.

예술가들에게 있어서 '실수'란 불필요한 판단을 무심코

드러내는 말이다. 예술을 둘러싼 판단은 단호하고 직설적이지만 성공의 기준이 얼마나 덧없는지를 고려하면 큰 의미를 지니지 않는다. 어제의 실수가 오늘의 걸작이 되고 내일의 클리셰가 된다.

린다 배리Lynda Barry는 《있는 그대로의 것What It Is》에서 뭔가를 만들려고 시도해본 사람이라면 누구나 던져봤을 질문을 자세히 들여다본다. "이거 괜찮나?" "이거 별론가?" 배리는 "아이디어가 충분히 형체를 갖출 때까지 이런 질문들에 대한 답을 궁금해 하지 않고 견딜 수 있어야 한다"고 말한다. 창작 초기에는 특히 이러한 태도가 매우 유용하다. 그러나 작품에 의문을 제기하고 다듬어나가는 것 또한 똑같이 중요하다는 것은 기억해야 한다.

실패를 열등함의 표시나 성공으로 가는 과정으로만 보려는 이분법적 시각이 많은데, 양쪽 다 해롭다. 실패에 대한 이분법적 인식은 학교 시험이나 카누 경기 같은 것에나 어울린다. 이러한 인식을 삶이나 예술에 적용하기 시작하면 딱히 필요하지도 않은 평가를 하게 된다.

실패에 대한 예찬은 실패에 대한 두려움보다 더 해로운 경우가 많다. 실패 예찬은 결국 성공이 오리라는 가정을 전제로 이루어지기 때문에, 실패를 선형적 서사의 한 과정으로 묘사한다. 그러나 해피엔딩이 오지 않는 경우 이 서사는 암울해져버린다. 인간의 시도 중에는 그다지 행복하지 않게 끝나는 것들이 많지만, 이런 이야기들은 마지막에 성공이라는 반전이 숨어 있지 않는 한 연설 소재로 거의 쓰이지 않는다. 그리고 성공과 실패의 이야기를 제거했을 때, 우리에게 남는 것은 사실 일 그 자체뿐이다.

실수를 통해 배우는 것들이 궁극의 보상일 수 있다. 실패는 과정의 한 부분일 뿐이며, 그 과정을 이루는 다른 요소들보다 더 중요하지도 덜 중요하지도 않다. 따로 떼어놓고 보면 실패는 그저 실패일 뿐이다. 시간이 흐른 후 한 발 물러나서 전체를 보았을 때에야 실패는 어느 패턴 속의 한 부분으로서 모습을 드러낸다.

가끔 아무것도 하지 않아야 할 때가 있다

무엇을 남기고 무엇을 뺄지는 어떻게 결정해야 하는 걸까? 피터 터치Peter Turchi는 이 질문에 대해 이렇게 말한다. "작업의 막바지로 향해 가면서 우리가 뭘 만들고 있는지 깨달은 후에야 알 수 있다." 이러한 불확실성은 우리의 예술적 방식을 앞으로 나아가게 해주는 요소인 만큼 그것 때문에 좌절해서는 안 된다. 만약 예술적 탁월함을 얻는 방법에 대한 간편 안내서 같은 것이 존재한다면 애초에 예술을 해야 할 필요도 없었을 것이다.

미리 계획하되 즉흥적 시도에 대한 가능성을 충분히 열어둔다면, 창작의 시작 단계에서뿐 아니라 작품을 만들어가는 과정 전반에서 발견의 기쁨을 누릴 수 있다. 물론 세심한 수정과 편집 또한 중요하다. 비록 그 효과가 겉으로 잘 드러나지 않는다고 하더라도 말이다.

최초로 만들어낸 초안이 완벽하다고 느껴진다면, 더 이상 손을 대지 않기로 하는 것 또한 예술적 결정으로 볼 수 있다. 여러 차례의 수정을 거쳐 다시 결국 첫 번째로 돌아간다고 하더라도, 이는 시간의 낭비가 아니다. 이러한 수정 과정은 창작자로 하여금 새로운 영역을 모색하게 해주고, 이러한 모색은 나중에 다른 프로젝트나 매체를 통한 창조에 활용될 수 있기 때문이다. 쓰기는 다시 쓰기이며, 다시 쓰기는 쓰기이다.

초안은 완벽하지 않은 경우가 더 많다. 자체 수정이라는 쉽지 않은 일을 잘 해내기 위해서는 초안을 완성한 후 한동안 아무것도 하지 않는 것이 좋다. 아무것도 하지 않을 수 있는 기간은 마감 기한에 의하여 결정되는 경우가 많지만, 가능하다면 초안의 내용 자체를 최대한 잊을 만큼 충분히 시간을 보내는 것이 좋다. 작업을 일찍 시작하는 것에도 장점이 있지만, 일을 미루다가 하는 것에도 장점은 있다. 그러니 그 둘을 함께 시도해보는 것도 좋다. 처음 떠오르는 아이디어들을 바로 적어두었다가 잠시 뜸을 들인 후 숙성된 관점으로 다시 검토해보는 것이다. 이러한 접근법은 특히 연구가 필요한 프로젝트에 유용하다. 어떤 주제에 익숙해진 후에는 그 주제를 처음 보았을 때 어떤 느낌이었는지 기억해내기가 어렵다. 그러나 시간을 보낸 후 초안을 다시 보면 주제의 첫 느낌이 어땠는지 떠올릴 수 있고, 이는 우리로 하여금 관객의 관점에서 바라볼 수 있도록 해준다.

미루는 것에 대해 잠시 얘기해보자. 인간의 의지력과 집중력은 한정되어 있다. 훈련이나 강제를 통해 어느 정도 끌어올릴 수는 있지만, 그보다는 자신의 한계를 인정하고 뇌가 '한 마일 더' 갈 만한 상태일 때 잘 구슬려보는 편이 낫다(척도는 꼭 마일이 아니어도 괜찮다).

인간이 시간을 낭비하는 능력은 무한에 가깝다. 작업 중 일주일 정도 다른 일에 시간을 내면 예술가는 어쩔 수 없이 압박감을 느끼게 되고, 그 시간을 낭비했다는 후회는 아무리 강인한 이에게도 절망감을 줄 수 있다. 이를 피하기 위해서는 기대치를 적당히 조정하고, 해야 할 일의 리스트는 짧게 유지하는 편이 좋다.

침울한 기질의 예술가라면 무위가 주는 안락함이 진정한 예술의 고통과 공존할 수 없다고 생각할 것이다. 그러나 프로든 아마추어든 장기적으로 예술을 추구하는 것은 너무나도 힘겨운 일이기 때문에 자신에게 비생산적인 시간을 허하는 것은 사치가 아니라 필수다.

반복의 가치, 매일 걷는 길도 매 순간 다른 길이다

기계적 장치를 통한 반복이라고 해서, 인간이 행하는 반복의 가치를 훼손하지는 않는다. 매트모스Matmos의 앨범 〈얼티미트 케어 II Ultimate Care II〉에 담긴 곡들은 '얼티미트 케어 II'라는 모델명을 지닌 세탁기에서 나는 소리만을 이용하여 작곡되었다. 여기에는 세탁기가 작동하며 내는 소리를 포함해 '세탁기를 문지르고, 두드리고, 드럼처럼 치고, 찔러가며 모은 소리를 샘플링하고 배열하고 가공한 소리'가 사용되었다. 이기 팝Iggy Pop은 인근 포드 자동차 공장에서 나는 날카롭고 단조로운 기계음에서 영감을 받기도 했다. 그는 스투지스The Stooges 멤버들과 함께한 초기 앨범에서 이 소리를 활용했다.

모리스 라벨Maurice Ravel의 아버지는 어린 자녀들에게 놀라운 신기술들을 보여주는 것을 좋아했고, 그 덕에 라벨은 아버지의 회사에 있는 공장 몇 곳을 방문할 수 있었다. 라벨이 어린 시절 보았던 공장은 〈볼레로Boléro〉의 무대 디자인으로 되살아났다. 〈볼레로〉는 기계음을 연상시키는 단조로운 리듬 위로 두 개의 멜로디가 반복되며 점점 커지는, 라벨의 가장 단순한 작품 중 하나다. 물론 〈볼레로〉를 연주하는 것은 기계가 아니다. 이 곡의 긴박감과 깊이는 인간의 연주만이 표현할 수 있다.

만화가 존 맥너트Jon McNaught는 나뭇잎이 바람에 날리는 모습, 잔디가 깎여나가는 모습, 새와 비행기가 이륙하고 착륙하는 모습으로 책을 빼곡하게 채운다. 나뭇잎을 그린 그림 두 개를 놓고 보면 아주 미세한 차이만 있을 뿐이고, 가끔은 차이가 거의 없는 경우도 있다. 그러나 차이는 분명 존재하며, 눈으로 보기도 전에 이를 느끼기도 한다. 만약 맥너트가 그림을 하나하나 그리지 않고 같은 그림을 복사해 붙여 넣었다면, 정확히 동일한 시퀀스라 하더라도 그 매력은 사라졌을 것이다.

디지털 도구의 가장 큰 단점은 바로 '되돌리기undo' 버튼의 존재다. 되돌리기 버튼은 아무리 자제하여 사용한다고 해도 종이 위에 직접 무언가를 쓰는 행위에 내재된 위험을 없애버린다. 위험이 없으면 실수를 할 기회가 줄어들고, 실수에서 배울 기회도 줄어든다. 같은 것을 두 번 그리면 그만큼 변형의 가능성이 넓어지고, 우리는 이런 과정을 통해 자신의 약점과 강점을 파악하게 된다.

개념주의 미술가 온 가와라On Kawara는 1966년부터 세상을 떠난 2014년까지 〈오늘〉이라는 연작으로 3천 점이 넘는 그림을 그렸다. 가와라는 검은 캔버스에 하얀색 물감으로 작업한 날짜를 그려 넣었다. 마치 찍어낸 폰트처럼 정밀했지만, 모든 날짜는 물감을 몇 번씩 덧칠해가며 손으로 그린 그림이었다. 가와라는 캔버스에 쓰인 날짜 안에 작업을 마치지 못하면 그림을 폐기해버렸다. 가와라가 작품을 창조하는 데 들인 반복적인 노동은 작품의 개념과 떼어놓고 생각할 수 없다. 물론 그 개념을 어떻게 해석할지는 우리에게 달려 있다.

크리스천 마클레이Christian Marclay의 〈시계The Clock〉는 영화와 TV에서 시계가 등장하는 장면과 시간에 대해 언급하는 장면을 연결하여 24시간을 재현한 영상 작품으로, 3년이라는 시간에 걸쳐 완성되었다. 각 장면이 일종의 최면적 콜라주로 결합하면서 하루의 각 시간마다 어떤 공통된 특성이 드러나는데, 그것은 바로 상영이 시작되면 영화 속에 등장하는 시간과 관객이 경험하는 현실의 실제 시간이 정확히 동일하게 진행된다는 것이다. 이때 24시간이라는 긴 상영 시간 속에 점점 집중력을 잃고 신체적으로 힘들어하는 관객들의 반응 또한 이 작품의 능동적인 일부가 된다.

모네가 그린 그림 속 루앙 대성당이 모두 다른 루앙 대성당이듯, 우리가 매일 걷는 길도 매일, 매 순간 다른 길이다. 만약 우리가 요행히 누군가의 넉넉한 지원을 받아 다른 것은 하지 않고 남아 있는 삶 내내 그 길만 지켜보며 보낸다고 하더라도, 길은 우리가 눈을 깜빡일 때마다 끊임없이 스스로를 다시 써나가며 우리의 감시를 벗어날 것이다.

3.

침묵이 만들어내는 소리

아무것도 들리지 않을 때,
우리는 많은 것을 들을 수 있다

존 케이지의 〈4분 33초〉는 3악장으로 이루어진 곡으로, 연주자들은 무대에 올라 정확히 4분 33초 동안 아무것도 하지 않는다. 그는 이 곡을 이렇게 설명한다. "완벽한 정적 같은 것은 없습니다. 사람들이 정적이라고 생각하는 것은, 사실 들을 줄 몰라서 그럴 뿐 우연의 소리로 가득 차 있습니다. 1악장에서는 밖에서 바람 소리가 들렸습니다. 2악장에서는 지붕을 두드리는 빗방울 소리가 들렸고, 3악장에서는 관객들이 서로 대화를 하거나 밖으로 나가며 온갖 흥미로운 소리를 만들어냈죠." 마지막 문장은 의미심장하다. 관객들이 보인 거부감조차 작품의 일부가 된 것이다.

침묵 혹은
자신과의 대화

고요함을 듣는다는 것은 음표가 질서 있게, 혹은 무질서하게 걸려 있는 오선지를 보는 것과 같다. 사실 스스로를 완전히 고요한 상태로 만든다는 것은 거의 불가능에 가깝다. 하지만 그렇다고 시도해볼 가치가 없는 것은 아니다. 생각을 조용히 가라앉히면, 평소에는 일상의 리듬에 묻혀 있던 미묘한 마음의 움직임을 끌어낼 수 있다. 이러한 미묘한 움직임이 내는 소리를 증폭할 수 있다면, 우리는 내면의 소리뿐 아니라 고요함을 추구하는 자신을 둘러싼 다른 소리들도 잘 들을 수 있게 될 것이다.

제임스 조이스의 소설 《젊은 예술가의 초상A Portrait of

the Artist as a Young Man》 마지막 부분에서 '젊은 예술가' 스티븐 디덜러스는 자신의 예술적 의도를 이렇게 밝힌다. "나는 삶이나 예술의 양식에서 가능한 한 자유롭고 완전하게 나 자신을 표현하도록 노력할 거야. 나 자신을 방어하는 데 쓰일 수 있는 유일한 무기인 침묵, 유랑, 잔꾀를 이용하면서 말이야." 몇 페이지 후 스티븐이 파리로 떠나며 소설은 마무리된다. 그리고 우리는 《율리시스》의 시작 부분에서 더블린에 돌아온 스티븐을 다시 만나게 된다. 스티븐은 가난하고, 불행하며, 문학 역사상 가장 불쾌한 룸메이트 중 하나일 벅 멀리건이라는 짐까지 지고 있다. 스티븐이 《젊은 예술가의 초상》에서 했던 선언의 실천 여부를 살펴보자면, 우선 (짧은 기간이긴 하지만) 유랑을 한 것은 맞고, 잔꾀를 부린 것도 (적어도 수사적인 면에 있어서는) 부인할 수 없으며, 침묵 또한 스티븐의 마음 속을 잠시 들여다보게 되는 3장까지는 어느 정도 지킨다고 볼 수 있다. 《율리시스》를 처음 읽는 독자들은 스티븐의 마음을 빽빽이 채운 기억과 인용, 인상들이 난해하게 교차하는 바로 이 부분에서 이 책을 포기하곤 한다. 이 장은 벅차고 혼란스럽지만, 사실 따지고 보면 인생도 그렇다.

흔히들 조이스의 서술 기법을 말할 때 '의식의 흐름'이라는 용어를 사용하지만, 이 표현에는 오해의 소지가 있다. 자칫 모더니즘 문학의 무게를 실은 문장들로 고정된 선형적 흐름을 떠올리게 할 수도 있기 때문이다. 조이스의 이야기는 선형이라기보다 원심형으로 펼쳐진 길의 집합체에 가깝다. 이는 형식에 있어서도 스타일에 있어서도 우리 마음의 움직임과 유사하다. 헝가리 소설가 라슬로 크라스나호르카이László Krasznahorkai는 문장을 끊지 않고 몇 페이지씩 이어가기도 했고, 챕터의 끝이나 책의 마지막 부분에 가서야 멈추는 경우도 있었다. 이러한 글쓰기 방식이 난해하게 느껴질 수도 있지만, 크라스나호르카이의 글은 오히려 자연주의 산문보다 현실에 더 가깝다. 우리의 생각은 적당한 형태로 끊어내기 전

까지 논리나 구두점과 아무 상관없이 이어지는 경우가 많다.

글을 벗어난 세상에서 의식은 선형의 흐름으로 펼쳐지지 않는다. 의식은 여러 흐름이 얽힌 무한한 물줄기 안에서 빙글빙글 돈다. 우리의 시각이나 언어는 의식 속의 생각들을 한 번에 하나씩 처리하지만, 그동안 다른 생각들은 자신의 순서를 기다리며 의식의 앞뒤 사이를 오간다. 전혀 다듬지 않은 순전한 형태의 생각들을 기록으로 옮길 수 있다면, 그 기록이 주는 혼란은《율리시스》도, 그 후 등장한 모든 실험적인 문학 작품도 가볍게 뛰어넘을 것이다.

메리 루에플Mary Ruefle은《매드니스, 랙, 허니Madness, Rack, and Honey》에서 "시간의 낭비는 가장 개인적이고 내밀하며 친밀한 형태로 이루어진 자신과의 대화이자 타인과의 대화"라고 했다. 그런 의미에서 의식의 흐름을 설명하기에 가장 적절한 표현은 '내면의 독백'일 수도 있다. '내면의 독백'이 제일 좋겠지만, '내면의 대화', '내면의 심포지엄', '내면의 잡음'도 무방하다. 우리는 매일 살아남기 위해, 그리고 존재론적 위기를 피하기 위해 내면의 잡음을 다양하면서도 일관된 말들로 고쳐 쓴다. 교통신호에 걸릴 때마다 긴 사색에 잠기는 것은 무리겠지만, 가끔은 우리 내면의 편집자에게 휴식을 주고 정리되지 않은 복잡한 생각 속으로 빠져보는 것도 나쁘지 않다.

정적은 온갖 소리들로 가득 차 있다

침묵과 정적에 귀를 기울이면 더 풍성한 소리를 들을 수 있다. 마크 뉴가든Mark Newgarden과 폴 카라식Paul Karasik은 어니 부시밀러Ernie Bushmiller의 연재만화 〈낸시Nancy〉에 관해 쓴 〈낸시를 읽는 법How to Read Nancy〉이라는 글에서 부시밀러의 작품을 교통신호에 비유했다. 본능적으로 보게 되는 교통신호처럼, 읽지 않는 것이 읽는 것보다 더 힘들다는 의미에서다. 독자들의 눈은 한 칸에서 다음 칸으로 '점프'하며 만화를 읽는다. 그것이 자연스럽게 이루어지지 않을 때에만 우리는 만화라는 매체의 특성을 알아차린다. 칸과 칸 사이에 존재하는 흰 공백은 전환에 필요한 정신적 거리를 담고 있다. 이

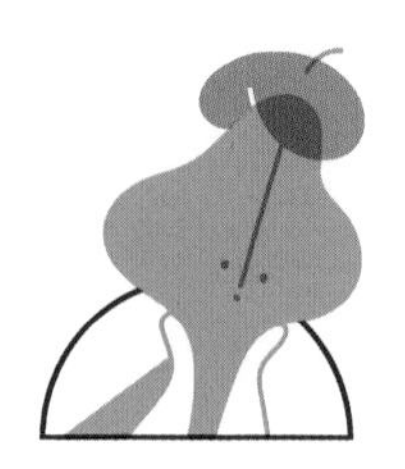

러한 전환에 정해진 법칙이 있는 것은 아니며 각 작품의 내부 논리와 스타일에 따라 달라진다. 예를 들어《크레이지 캣》에서는 캐릭터들이 분명 같은 장소에 있는데도 배경이 바뀌곤 한다. 자세히 보면 분명 이상한데, 끊임없이 바뀌는 배경이 작품 자체의 비현실적인 언어와 너무나 잘 어우러져서 독자들은 배경이 바뀌었다는 사실을 거의 눈치채지 못한다. 분명한 것은 만화의 여백 속 정적에 아주 짧은 시간이 담겨 있기도 하고 일생보다 긴 시간이 담겨 있기도 하다는 점이다.

영화의 장면과 장면 사이에서는 무슨 일이 벌어질까?

편집이 매끄럽게 이루어진 작품에서는 장면들이 끊이지 않고 이어지기 때문에 카메라의 이동을 거의 느끼기 힘들다. 그러나 꼭 모든 작품이 그래야 하는 것은 아니다. 로버트 쿠버Robert Coover는 단편집《영화관에서의 하룻밤, 혹은, 이건 꼭 기억해야 한다A Night at the Movies, or, You Must Remember This》에서 영화 〈카사블랑카Casablanca〉의 암시적인 페이드아웃 장면(잉그리드 버그만이 험프리 보가트의 품에 안겨 격렬한 키스를 나눈 뒤 페이드아웃되는 장면)을 가져와 말도 안 되는 에로틱 코미디물로 부풀린다. 그의 이야기는 영화의 장면 너머에서 벌어지는 일들을 상상하고, 그 침묵과 정적의 상황을 완전히 뒤집어 놓으면서 갈기갈기 찢어버린다.

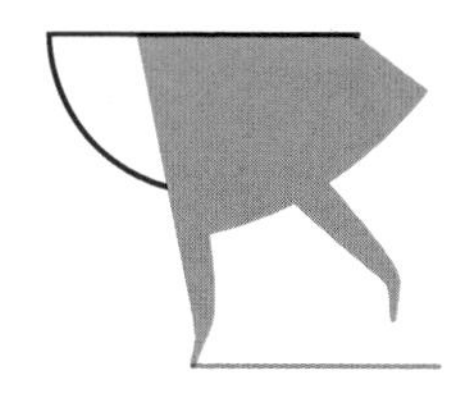

안드레이 타르코프스키Andrei Tarkovsky의 〈스토커Stalker〉에는 미세한 소음과 구도의 변화를 주면서 상당히 오랜 시간 동안 정적이 계속되는 장면들이 많이 나온다. 영화에서 가장 인상적인 장면 중 하나는 선로 작업차를 타고 가는 세 명의 무뚝뚝한 러시아 남자를 찍은 롱 트래킹 샷이다. 이 장면에서 세 남자는 내내 서로 눈을 피하며 아무 말도 하지 않는다. 몇 분 동안 아무 말도 없이 이어지는 장면이 관객에게 지나치게 길고 불편하게 느껴질 수 있지만, 우리가 실제 버스나 엘리베이터에서 아무 말도 하지 않고 보내는 시간을 생각해보면 그리 이상할 것도 없다. 정적이 이렇게 큰 부분을 차지하면 그것이 가져다주는 공백은 구체적이고 강렬해진다. 그 공백은 관객들로 하여금 각각의 요소를 다시 생각해보게 만들고, 종국에는 영화라는 매체 자체에 대해 가졌던 선입견 또한 재고하게 만든다.

매체의 종류와는 상관없이, 창작자도 소비자도 작품의

구상에서 정적을 고려하지는 않는다. 그러나 틈을 열어놓고 침묵과 정적의 영역을 확장함으로써 우리는 주어진 구조를 해체하고 재구성할 수 있다.

예상치 못한 정적과 마주한 관중은 작품에 더욱 집중하기도 하고 아예 관심을 꺼버리기도 한다. 때에 따라서는 둘 다일 수도 있다. 존 케이지John Cage의 〈4분 33초〉는 3악장으로 이루어진 곡으로, 연주자들은 무대에 올라 정확히 4분 33초 동안 아무것도 하지 않는다. 그는 이 곡을 이렇게 설명한다. "완벽한 정적 같은 것은 없습니다. 사람들이 정적이라고 생각하는 것은, 사실 들을 줄 몰라서 그럴 뿐 우연의 소리로 가득 차 있습니다. 1악장에서는 밖에서 바람 소리가 들렸습니다. 2악장에서는 지붕을 두드리는 빗방울 소리가 들렸고, 3악장에서는 관객들이 서로 대화를 하거나 밖으로 나가며 온갖 흥미로운 소리를 만들어냈죠." 마지막 문장은 의미심장하다. 관객들이 보인 거부감조차 작품의 일부가 된 것이다.

쓰기의 감각, 손으로 글을 쓰는 이유

쓰기와 그리기는 표면에 흔적을 남기는 행위다. 낯선 문자는 순수하게 시각적으로만 다가온다. 의미를 해독할 문법적 지식이 없는 상태에서는 언어적 무게를 벗은 글자의 순수한 모습 자체를 볼 수 있다. 우리는 그 혼란을 떨쳐버리려는 충동에 저항함으로써 미지의 것에 반응하는 우리의 모습을 더 잘 인지할 수 있으며, 동시에 우리의 언어적 패턴이 지닌 복잡성 또한 더 잘 이해할 수 있게 된다.

같은 문화권 안에서도 문자 언어는 이해 불가의 것이 되기도 한다. 중국 서예의 과감한 흘림체인 초서체는 자유분방하게 뻗어나가는 선 때문에 서예가들과 전문가들만이 읽어낼 수 있다. 판독이 불가하다 하더라도 붓이 그려낸 선의 아름다움에는 변함이 없다. 보는 이들이 문자의 의미를 전혀 알 수 없는 경우에도 마찬가지다. 우리는 자신이 쓴 글이나 그린 그림을 선이자 암호로 보는 연습을 통해 정신적으로 손쉬운 경로에서 벗어날 수 있다. 이러한 경로가 일상생활에는 유용할지 모르지만, 그 너머의 것을 인식하는 데는 오히려 한계를 지운다.

루마니아 출신의 미국 만화가 솔 스타인버그Saul Steinberg는 자신에 대해 '글을 그리는 작가'라고 묘사한 적이 있다. 실제 스타인버그의 카툰들은 우스개라기보다 삽화로 그려낸 사색에 가깝다(물론 그렇다고 유머를 잃지는 않는다). 한 작품에서는 어느 실의에 빠진 직원이 'NO'라는 모양의 거대한 말풍선을 마주하고 있고, 말풍선 안쪽은 필기체로 쓴 현란하고 무의미한 말이 빽빽하게 채워져 있다. 스타인버그는 공들여 쓴 이 무의미한 글자들을 재사용해 가짜 증명서를 만든

뒤 친구들에게 주었다. 이를 통해 그는 공식 문서가 지녔을 법한 무게감과 친구들이 받은 문서의 허술한 특성을 대조적으로 보여준다.

많은 작가들이 여전히 손으로 글을 쓰는 데는 이유가 있다. 타이핑은 펜이나 연필로 종이에 직접 글씨를 새겨 넣을 때 느껴지는 것과 같은 촉각을 주지 못한다. 물리적으로 글씨를 쓰는 행위는 우리로 하여금 단어의 가벼움과 무거움, 그 몸짓과 목소리를 느끼게 해준다. 글을 쓰는 조용한 행위 안에는 글씨를 쓰면서 연필심이나 볼펜 촉으로 종이를 긁을 때 나는 소리들이 채워져 있다. 이 미묘한 감각은 우리가 의식하지 못하는 사이에도 글을 쓰는 스타일에 영향을 미친다. 손으로 글씨를 쓰면 키보드를 누를 때보다 더 다양한 변화를 줄 수 있다. 물론 타이핑 중인 단어의 중요성을 강조하고 싶을 때 작업 중인 카페에서 모두가 돌아볼 만큼 격렬하게 키보드를 치는 사람들도 있기는 하겠지만 말이다.

손 글씨 쓰기는 속도를 늦춰주고 단어 하나하나를 더 깊이 생각하게 만든다. 또한 손으로 쓴 원고에는 문장을 완성하기까지 필요했던 작업의 흔적이 고스란히 남아 있다. 첫 번째, 세 번째, 혹은 열세 번째 고칠 때 썼던 문장이 마지막에 선택한 문장보다 나은 경우도 있을 수 있다. 손으로 쓴 원고는 작업 당시 정신이 어떤 식으로 작동했는지도 보여준다. 글 한 줄을 지울 때 선을 몇 번 그었는지, 글을 쓸 때 펜을 어느 정도 눌러 썼는지, 화살표나 메모, 수정사항을 써넣은 모양이 직선인지 구불구불한지를 보면 알 수 있다. 작업의 진행 과정을 형식 측면에서만 살펴보며 재평가하면 우리의 창작 과정과 개성을 새로운 관점에서 바라볼 수 있게 된다.

내 안의 수많은 자아와 만난다는 것

우리는 스스로를 관찰함으로써 캐릭터 묘사를 할 수 있는데, 그 과정에서 쓰고, 수정하고, 다시 쓰기를 반복한다. 이 작업의 복잡성을 고려해볼 때 '일련의 캐릭터 묘사들'이라고 해야 맞을지도 모르겠다. 우리 안에는 다양한 캐릭터가 존재하지만, 경제적·시간적 제약 때문에 모두 단 한 명의 배우가 연기한다. 열망하는 것들은 점점 없어지고 은퇴 계획은 보이지 않는, 점점 더 부스스해지는 배우 말이다.

하나의 인물로 살기보다 내면의 다양한 캐릭터를 받아들일 수도 있다. 래퍼 쿨 키이스Kool Keith에게는 쉰 개가 넘는 독특한 자아가 있었다. 키이스는 이스트코스트의 거물 포

파 라지Poppa Large가 되는가 하면 시간 여행을 하는 외계 산부인과 의사 닥터 옥타곤Dr. Octagon이 되기도 했다. 각각의 캐릭터에게는 고유의 어휘와 스타일이 있지만, 예술적 비전 안에서 이 모든 것은 일맥상통하는 모습을 보인다. 쿨 키이스는 다양한 캐릭터들을 활용함으로써 무대에서 하나의 인격에 갇히기보다 다양한 방향으로의 예술적 표출을 시도하고자 했다.

우리가 아무리 진정성을 추구하려 해도, 자신이 된다는 것은 결국 연기다. 메리 루에플은 '시작에 대하여On Beginnings'라는 강연에서 이렇게 말했다. "자의식은 자의식의 가장일 뿐이다. (…) 연극에서는 원 안에서 연기를 하고 이를 바깥에서 관찰하게 한다. 다시 말해, 자의식은 연극이다."

스탠드업 코미디언 스튜어트 리Stewart Lee는 〈90년대 코미디언'90s Comedian〉이라는 공연에서 무대 바닥에 실제 분필로 원을 그렸다. 중세 시대 코르비에르Corbières와 푸에블로

Pueblo의 광대들이 썼던 방법이라며, 스튜어트 리는 위험한 발언을 할 때에 원 안으로 들어가 버린다. 원 안의 스튜어트 리는 자신이 실제 스튜어트 리가 아닌 스튜어트 리와 이름과 외모가 같은 캐릭터라고 설명한다. 이 캐릭터는 실패한 농담과 관객들의 거부 반응에 집착하며, 관객들이 스튜어트 리의 재능을 몰라본다고 나무란다. 한편 리는 수십 년의 활동 끝에 꽤 많은 팬을 거느리게 되는데, 이는 그의 캐릭터가 불평할 거리가 사라져버린다는 의미도 되었다. 그러자 리는 다시 자신의 위치를 예전으로 되돌리기 위해 공연 중 일정 수준의 자기 방해를 시도했다. 일부러 재미없는 농담을 던지고는 그 농담을 강박적으로 분석했고, 공연 루틴에서 잘못된 부분에 집착했으며, 심지어 신경쇠약에 걸린 것처럼 꾸미기도 한 것이다.

잘하는 것을 포기하고 그렇지 못한 것을 한다는 건 두려운 일이지만, 이는 틀을 깨기 위한 유일한 방법이다. 예술

적 자기 파괴는 가뜩이나 쉽지 않은 예술가라는 직업에 더 어려운 도전과제를 안긴다. 이는 예술가로 하여금 관객의 기대와 상관없이 스스로를 재창조하도록 만든다.

에르제Hergé의 만화에 등장하는 땡땡은 소년 기자인데, 땡땡이 실제 글을 쓰는 모습은 1권《소비에트에 간 땡땡Tintin au pays des Soviets》에 단 한 번 등장한다. 땡땡은 방에 틀어박힌 채 글을 너무 많이 쓰더니, 기사를 우편으로 보내는 걸 미루고는 다시는 뭔가 쓰려고 하지 않는다. 적어도 작품 안에서 땡땡이 뭔가를 쓰는 모습은 다시 등장하지 않는다. 물론 책과 책 사이의 공백에 기사를 썼다는 상상도 가능하겠고, 땡땡 자신이 이 시리즈의 저자라는 상상도 가능하다. 적어도 그렇다면 땡땡이 훈련이 필요한 교통수단들을 어찌 그리 척척 다루는지에 대한 설명은 될 것이다. 땡땡이라는 캐릭터를 모험 전문가로 본다면 만화의 내용이 더 잘 설명되겠지만, 소년 기자라는 캐릭터가 그 모험을 더 특별하게 만들어준다.

자기 안의 캐릭터를 관찰하는 데는 시간과 공간, 그리고 어느 정도의 고요함이 필요하다. 정기적인 명상은 우리의 삶에 균형감과 리듬감을 준다. 아무것도 아닌 행위로서의 명상은 우리 자신을 직면하는 연습이 되어준다. 처음에는 단 몇 분의 정적도 영원처럼 느껴지지만, 인내심을 가지고 노력하면 마치 매일 잠을 자는 것처럼 자연스러워진다. 명상을 하는 방법은 다양하지만, 가장 간단한 것은 눈을 감고 20분 동안 가만히 앉아, 어지럽게 얽혀 있는 생각과 감각이 간결하게 정리될 때까지 기다리는 것이다.

침묵 속에서 하는 행동에 목소리를 줄 때

우리가 살아가는 고요한 순간들과 시간이 가져다주는 효과도 예술 작품의 훌륭한 소재가 된다. 1990년대 초 중국의 서예가들은 거리로 나가 물로 붓글씨를 썼다. 글씨는 금세 마르고 말았지만, 이들은 지나가는 사람들이 볼 수 있도록 다양한 시와 격언을 바닥에 써내려갔다. 물로 쓴 글씨는 우리가 남기는 흔적들의 덧없음을 보다 극명하게 보여준다는 점을 빼면 잉크나 물감으로 남긴 흔적들과 크게 다르지 않다.

스페인의 화가 호안 미로Joan Miró는 이렇게 썼다. "해변으로 가서 모래 위에 생생한 흔적을 남겨라. 마른 땅에 오줌으로 그림을 그리고, 새들의 노래를, 물과 바람의 소리를 (…)

벌레들의 합창을 기록함으로써 공간을 디자인하라." 우리는 침묵 속에서 하는 행동에 목소리를 줌으로써 자신의 전체적인 음역을 끌어올릴 수 있다.

1975년, 설치미술가 데이비드 아일랜드David Ireland는 샌프란시스코 미션 지구에 있는 빅토리아 양식의 집을 샀다. 집의 이전 주인인 아코디언 제작자 그레우브P. Greub에게는 금고가 있었는데, 아일랜드는 그와 함께 무거운 금고를 아래층으로 옮기다가 놓치고 말았다. 금고에 찍힌 벽이 움푹 파였지만 아일랜드는 벽을 보수하지 않고 그 자리에 박물관 스타일의 명패를 붙였다. '금고를 첫 번째 놓치다. 1975년 11월 5일', '금고를 두 번째 놓치다. 1975년 11월 5일.'

아일랜드는 집 내부를 수리하며 건물이 지닌 역사를 발굴해 나갔다. 집에 새겨진 역사는 벽지 장인이 남겨둔 우아한 사인에서부터 창문 뒤의 전선과 도르래까지 다양했다. 아일랜드는 새로운 벽지를 바르지 않고 맨 벽에 니스를 여러 번

칠한 채 가로등 불빛이 비친 벽의 모습을 즐기기로 했다. 시간이 흐르며 집은 아일랜드라는 예술가의 영원한 자화상이 되었고, 그는 집에서 새로운 층이 발견될 때마다 자신만의 흔적을 남겼다. 여가와 작업, 그리고 아무것도 아닌 일을 하면서 보낸 모든 시간의 산물이었다.

예술을 삶의 산물로 볼 수도 있고, 우리의 삶을 예술 작품으로 볼 수도 있다. 그 차이를 어떻게 정의하느냐에 따라 우리가 삶을 보내는 방식은 달라진다. 규칙적이고 꾸준한 리듬 속에서 살 것인가, 무기력하고 나른한 삶으로 일관할 것인가, 즉흥적이고 부조화한 방식으로 살 것인가.

4.
의미를 발견한다는 것

아무것도 아닐 수도 있고,
그 무엇일 수도 있는

시트콤 〈파더 테드〉에는 주인공 테드 신부가 젊은 동료 신부 두걸에게 멀리 있는 소들과 자신이 들고 있는 미니어처 소들의 차이를 설명하며 "이것들은 작은 거고, 저 밖에 있는 것들은 멀리 있는 거야"라고 말하는 장면이 나온다. 테드가 여러 차례 설명하지만 두걸은 이해하지 못하고, 테드는 결국 짜증을 내며 포기해버린다. 두걸은 우둔하지만, 바로 그 우둔함 덕분에 우리는 익숙한 것을 새로운 각도에서 바라볼 수 있다.

우둔함과 천재성 사이에 놓인 가는 선 하나

상상력의 힘을 빌려, 소를 외양간 밖으로 데리고 나와 얼마나 멀리까지 헤맬 수 있는지 생각해보자. 《젊은 예술가의 초상》의 거의 마지막 부분에서 스티븐 디덜러스는 이런 질문을 던진다. "어떤 나무꾼이 홧김에 나무토막을 난도질하다가 소의 상을 만들게 되었다면 이것도 예술 작품인가? 아니라면, 왜 아닌가?" 2014년, 미국의 정치인 테드 크루즈Ted Cruz가 버터로 만든 소의 사진을 트위터에 올리며 남긴 글도 디덜러스가 품은 궁금증과 크게 다르지 않다. "우와, 버터로 만든 소라니. 우리 딸들이 좋아하겠네. 사실 캐롤라인이 말한 첫 문장이 '나 버터 좋아'였지."

나무로 만든 소도, 버터로 만든 소도 사실 꼭 존재해야 할 필요는 없다. 이런 소들은 제임스 조이스를 연구하는 사람들이 끊임없이 배출되게 하거나, 미국 정치인의 시심詩心을 북돋우는 것 외에 별다른 기능을 수행하지 않는다.

가끔은 예술적 의도가 전혀 없는 물건이나 말이 미술관이나 소설 속에 있어도 전혀 어색하지 않을 예술성을 지니기도 한다. 이러한 예술성이 우연히 획득되는 것만은 아니다. 거기에 가치와 형태를 부여해줄 주관적인 비전이 필요하다. 어떤 사람들은 액자를 둘러 미술관에 걸어놓은 것만을 예술로 보지만, 날것의 예술을 더 좋아하는 이들도 있다. 물론 인내심을 가지고 관찰하는 이들은 예술 작품이 어디에 있든 개의치 않는다. 아무튼 테드 크루즈의 트위터 게시물 형식에 약간의 변화를 주면 (일종의) 시가 된다.

우와, 소야

버터로 만든 소

딸들이 좋아하겠네

사실 그게 첫 문장이었어

캐롤라인 말한 첫 문장

'나 버터 좋아'

제임스 조이스의 성난 나무꾼이 소를 한 번도 본 적이 없다면 우연히 소 모양으로 조각된 나무를 아무 망설임 없이 난로 안으로 던져 넣었을 것이다. 그러나 만약 그 나무꾼에게 예술적인 호기심이 있었다면, 그 소에 이름을 붙이고 그럴싸한 사연도 만들어냈을 것이다.

버터 소에 대한 반응도 마찬가지다. 테드 크루즈는 버터 소를 보고 트위터에 글을 남기기로 결정했지만, 또 다른 정치인이라면 인정사정없이 눈 부분을 파내서 빵 바구니에 있던 토스트에 발라 먹었을지도 모른다. 진짜 소가 자기와 똑같이 생긴 버터 소를 보고 당혹감과 불만족스러움을 드러내면서도 은근한 자부심을 느낄지 궁금해 하는 정치인이 있었을지도 모르고, 버터 소가 우유를 제공한 소의 형상대로 만들어진 건지, 만약 그렇다면 우유를 준 소가 자신의 분신을 어떻게 대할지 궁금해 하는 정치인이 있었을 수도 있다. 버터 소를 보며 '포름알데히드에 담근 상어'라는 이름으로 더 잘 알려진 데미언 허스트Damien Hirst의 〈살아 있는 자의 마음속에 있는 죽음의 물리적 불가능성The Physical Impossibility of Death in the Mind of Someone Living〉이라는 작품과 다를 바가 무엇인지 궁금해 하는 이도 있었을 수 있다. 또 어떤 이는 테이트 미술관이나 뉴욕 현대미술관에 전시된 버터 소를 상상하며, 소 모형이 지역 축제를 떠나 미술관에 전시되게 된 배경을 설명하는 명패 문구를 고민했을 수도 있다.

시트콤 〈파더 테드Father Ted〉에는 주인공 테드 신부가 젊은 동료 신부 두걸에게 멀리 있는 소들과 자신이 들고 있는 미니어처 소들의 차이를 설명하며 "이것들은 작은 거고, 저 밖에 있는 것들은 멀리 있는 거야"라고 말하는 장면이 나온다. 테드가 여러 차례 설명하지만 두걸은 이해하지 못하고, 테드는 결국 짜증을 내며 포기해버린다. 두걸은 우둔하지만, 바로 그 우둔함 덕분에 우리는 익숙한 것을 새로운 각도에서 바라볼 수 있다.

이 장면에 등장하는 구식 시트콤 세트는 너무 부자연스러운 구조라서 제 기능을 다할지에 대한 불신은 접어두는 편이 낫다. 어떤 면에서는 원근법을 적용한 평면 그림과 다르지 않다. 만약 〈파더 테드〉의 소들이 배경 그림 속으로 들어가 어슬렁거린다면, 두걸의 거리 개념 거부는 코믹하다기보다 시각적 규범의 전복이 될 것이다. 우둔함과 천재성 사이의 선은 가늘고도 울퉁불퉁하다.

우리는 원근을 의도적으로 비틀거나 무시한 그림과, 의도와 상관없이 예술적 결함으로 인해 초현실적으로 변해버린 그림을 본능적으로 구분할 수 있다. 그러나 두 그림 중 어떤 것이 뛰어난지 따지기에 앞서 우리의 생각에 영향을 주는 다양한 가정들을 탐색해보는 것은 가치 있는 일이다. 질문은 미뤄두고 주제가 주는 가치를 최대한으로 이용하는 것이다.

리디아 데이비스는 시골로 이사한 후 집에서 길 건너편으로 보이는 소 무리를 관찰하기 시작했다. 시간이 흐르면서 그녀는 소들의 움직임과 태도, 표정에 대한 짧은 명상록을 썼다. 데이비스는 그 어떤 명시적 해석도 덧붙이지 않은 채 그저 평온하고 푸르른 산문의 풀밭에 자신의 글들을 자유롭게 풀어놓았다. 데이비스는 《파리 리뷰》와의 인터뷰에서 이렇게 말했다. "언어가 됐든, 가족 관계가 됐든, 소가 됐든, 뭔가에 관심이 생기면 일단 거기에 대한 글을 써요. 미리 판단하려 하지는 않아요. 글을 쓸 만한 소재인지도 따지지 않죠." 삶에서는 가장 일상적이고 간과하기 쉬운 부분이 위대한 예술의 영감이 되기도 한다. 반면 정말 특별한 사건도 주의 깊게 다루지 않는다면 그저 시시한 소재가 되어버린다.

소설가이자 극작가 데보라 레비Deborah Levy는 《화이트 리뷰The White Review》와의 인터뷰에서 자신의 소설 《뜨거운 우유Hot Milk》의 탄생 과정에 대해 이렇게 말했다. "처음에 든 생각은 그거였어요. '커피 체인점에서 우유 거품을 내는 장면으로 시작하는 책을 쓰면 어떨까?' 그러다가 들판에서 어미 소의 젖을 먹고 있는 송아지가 생각났죠. 제가 좀 이런 식이에요." 완성된 소설에 카페는 거의 나오지 않고, 이야기의 중심에는 어미 소와 송아지가 아닌 인간 모녀가 나온다. 처음 우리를 찾아온 아이디어는 점점 멀리 옆길로 벗어나 나중에는 거의 보이지 않게 되기도 한다. 그러나 창작 과정에서 용해되는 것들은 희미한 기억으로나마 완성된 작품 속에 존재한다.

수많은 관광객들이 찍은 천편일률적인 사진을 보면 인류가 자랑하는 불가사의들도 그저 별 특징 없는 배경으로 변할 수 있다는 것을 깨닫는다. 그런가 하면 (나무로 만들었든, 버터로 만들었든, 혹은 진짜 소든) 평범한 소 한 마리도 인내심과 호기심만 있다면 끝없는 영감의 원천이 될 수 있다.

5.

아무것도 아닌 일을 한다는 것

부조리하고 복잡한 삶을 이해하는 방법

아무것도 아닌 일을 한다는 것이 쓸데없는 일을 한다거나 헛된 시간을 보낸다는 의미는 아니다. 그것은 수동적일 수도, 능동적일 수도, 혹은 양쪽 모두일 수도 있다. 책장 정리는 능동적인 예술적 훈련이 될 수 있다. 메리 루에플은 책을 장르별로 정리할 것이 아니라 책등의 색깔에 따라 정리해볼 것을 제안한다. 삶은 부조리하고 복잡하다. 가끔 삶을 이해하는 유일한 방법은 삶을 한층 더 복잡하게 만들고 그 결과로 빚어지는 혼란을 즐기는 것이다. 루에플이 제안한 것처럼 물건을 비효율적인 방식으로 정리해보는 건 확실히 합리적인 행동이 아니지만 우리의 일상에 새로운 색깔을 더해준다.

아무것도 아닌 일을 한다는 건 헛된 시간을 보내는 게 아니다

독자들이 이렇게 물을지도 모르겠다. “아무것도 아닌 일을 하는 것에 대한 책을 쓰면서 혹시 열심히 일한 거예요? 책 내용을 보니 분명히 그런 것 같은데…. 하지만 이건 뭔가 모순 같은데요?”

이 물음에 답하자면, 아무것도 아닌 일을 한다는 것과 열심히 일하는 것은 서로 상충되는 개념이 아니다. 아무것도 아닌 행위가 좋은 작업 습관을 만들어줄 수도 있다. 이 책 내용의 대부분은 종잇조각이나 냅킨에 썼고, 가끔은 필자의 몸 어딘가에 쓰기도 했다. 이런 식으로 작성된 메모들은 해독과 다시 쓰기, (또다시) 다시 쓰기를 거치며 적절한 순서로 자연스럽게 정리되었다. 전체적인 집필 기간이 길기는 했지만, 한 번도 밤을 새우거나 카페인을 과도하게 섭취해가며 일한 적은 없다. 선천적으로 게으른지라 글도 그림도 한 번에 몇 시간 이상씩 작업하지 못하지만, 대신 매일 아침 일하러 가기 전에 꼬박꼬박 책을 준비했다. 덩치가 큰 일을 할 때 작게 나누어 실행하면 좋은 점이 있다. 급한 마음에 녹슨 펜치로 뇌 속의 아이디어를 억지로 뽑아내지 않아도 작업을 하는 도중 구조나 개념상의 연결고리들이 자연스럽게 떠오른다는 점이다.

내 동료들 중에는 이런 방식이 일을 가혹하리만치 늘어지게 만든다며, 일을 할 때는 확실하게 몰두하고 그다음에는 신경 끄는 게 더 좋다는 이들도 있다. 물론 그들은 자기 방식대로 멀쩡히 일을 잘하고 있다. 긴 휴식과 긴 작업 사이를 오가는 것은 활동과 비활동의 비율 차이일 뿐이다.

어떤 사람은 질서를 열망하고, 어떤 사람은 혼돈 속에서

피어난다. 다양한 비율로 질서와 혼돈 양쪽 모두를 원하는 이들도 있고, 둘을 한꺼번에 원하거나 차례로 원하는 이들도 있다. 아무것도 아닌 일을 할 시간은 일과 여가 사이에 돌연히 찾아올 수도 있고, 일정과 기분에 따라 특정 시간으로 국한되기도 한다.

중요한 것은 스스로를 자신의 기질 및 그 기질의 변화에 잘 맞추는 것이다. 머릿속이 온갖 아이디어로 와글거릴 때 몽상에 빠지는 것은 비몽사몽간에 뭔가를 창작하는 것만큼이나 쉽지 않은 일이다. 많은 예술가들은 아침에 일어나 꿈의 안개가 완전히 사라지지 않은 상태에서 작업하는 것을 선호한다. 정신이 또렷해지고 모험심이 줄어드는 낮은 작업의 진척을 평가하기에 좋은 시간대다. 오후에는 집중력이 조금 떨어져도 상관없는 수정이나 채색 등을 한다. 저녁은 독서와 공부에 좋지만, 올빼미족들에게 밤은 아침의 역할을 수행하기도 한다.

하지만 앞서 언급한 것은 자신의 일정을 기록하는 예술가들의 작업 습관들에서 얻은 일종의 샘플일 뿐이다. 아침에 일찍 일어나 본업을 시작하기 전에 대부분의 작업을 하는 사람들도 있고, 간간이 틈이 날 때나 퇴근 후에만 작업하는 이들도 있다. 이러한 작업 스케줄은 매년, 매일 바뀌고, 심지어는 하루 중에 바뀌기도 한다. 정해진 공식이 있는 것은 아니지만, 좋아하는 예술가의 작업 방식을 비슷하게 시도해볼 수도 있을 것이다.

대부분의 사람들은 자신이 열망하는 일을 아무 때나 할 수 있는 사치를 누리지 못한다. 그렇기 때문에 마음이 원하는 바를 잘 들어두었다가 시간과 장소가 허락할 때 돌봐주는 것이 중요하다.

많은 사람들이 일상의 무게에 눌려 예술과 여가에 대한 추구를 언젠가 오리라 믿는 자유시간의 몫으로 미뤄둔다. 그러나 이를 창작 프로그램 참여나 은퇴 후의 일로 미뤄서는 안 된다. 모든 아이디어와 생각은 크든 작든 간에 충분히 살피고 숙고해야 한다. 이는 나중이 아니라 점심시간에도, 버스를 타고 갈 때도, 그보다 더 짧은 시간에도 할 수 있다. 사용할 수 있는 시간을 미리 파악해두고 잘 활용하는 것이 중요하다. 아무런 방해 없이 딱 30분만 독서에 몰입하는 것만으로도 많은 것이 달라질 수 있다. 아무것도 아닌 일을 하는 것은 점점 경험치가 쌓이는 일이어서, 연습할수록 쉬워지고 나중에는 노력하지 않아도 자연스럽게 할 수 있게 된다.

남는 시간이 많지 않을 때는 일상의 잡일들과 연계하여 일종의 축소판으로 아무것도 아닌 일을 실천할 수도 있다. 요리, 청소, 빨래 개기, 설거지 등은 익숙한 일이 가져다주는 평화 속에서 스스로를 성찰할 수 있는 좋은 기회다. 설령 자기 성찰 시간을 갖지 않는다 하더라도, 이러한 잡무들은 정신적 활동으로부터 한숨 돌릴 수 있게 해줄 뿐 아니라 깨끗해진 방과 맛있는 집밥을 덤으로 제공해준다.

비교적 간단한 울리포식 제약적 글쓰기 연습 중 하나는 바로 '지하철 시'다. 전동차가 움직이는 동안 시 한 줄을 생각해내고, 역에 멈췄을 때 종이에 적는 방식으로 목적지(물리적으로든 작품상으로든)에 도착할 때까지 반복하면 된다. 적당한 내용이 떠오르지 않아도 상관없다. 지하철 타기는 사람들이 읽고, 말하고, 움직이고, 가만히 서 있고, 그밖에도 수많은 방식으로 아무것도 아닌 일을 하는 모습을 관찰할 수 있는 좋은 기회가 되어준다.

삶이 축적해내는 시간의 경험들

"아이디어는 어디서 얻으세요?"

작가들이 받는 질문 중에 땅이 꺼지는 한숨 소리를 동반하는 질문이 하나 있다면 바로 이것이다. 이런 질문을 던지는 이들은 여전히 많지만, 답을 해주는 이들은 거의 없다. 왜일까? 좋은 아이디어의 원천이라는 것은 너무 복잡해서 듣기 좋게 간단히 요약해낼 수가 없기 때문이다.

에드가 드가Edgar Degas는 스테판 말라르메Stéphane Mallarmé가 너무 많은 시상을 갖고 있다며 불평한 적이 있다. 그 말을 들은 말라르메는 드가에게 시를 만드는 것은 시상이 아닌 단어라고 답했다. 갑자기 떠오른 시상으로 시를 쓰는 것도 가능은 하겠지만, 창작 과정에서 개념이 자연스럽게 떠오를 수 있도록 돕는 편이 훨씬 만족스러운 창작 경험을 줄 것이다.

말라르메는 말년에 '한 권의 절대적인 책The Book'이라는 개념에 사로잡혔다. 이 책에는 모든 것들이 담겨 있고, 그 모든 것들 사이의 모든 관계가 담겨 있다. 물론 이 야심 찬 계획이 실제 책의 형태로 구현된 것은 아니다. '절대적인 책'은 일종의 보편적인 원천 텍스트로서, 발견되기만 하면 지금까지 구상되었거나 실행된 모든 예술 작품의 계보, 구성 요소, 그리고 근원을 알 수 있게 될 것이다. 물론 이러한 원천 텍스트를 발견할 수는 없겠지만, 그 유령과도 같은 존재감을 무시하기는 쉽지 않다.

아이디어들은 의식의 주변부를 빙빙 돌다가 언젠가 적절한 때가 되면 마침내 우리에게 다가온다. 영감이 종종 예기치 못한 곳에서 찾아오는 것은 결코 우연이 아니다. 영감은

산책 중에, 샤워 중에 갑자기 찾아온다(물론 몸을 꼼꼼히 씻는 것이 너무나 중요해서 다른 생각을 할 겨를이 전혀 없는 경우라면 예외다). 이런 아이디어들은 아무것도 없는 곳에서 갑자기 튀어나오는 것이 아니다. 우리 안에 축적된 문화와 경험, 기억과 꿈 등이 꿈틀거리고 뒤섞이며 농축된 산물이다.

의식적 사고는 예술 창작 과정의 일부일 뿐이며, 많은 예술가들에게서 비교적 적은 부분에 속한다. 나머지 과정은 주로 의식이 쉬고 있는 것처럼 보이지만 실은 보이지 않는 연결을 만들어내고 있는 시간에 이루어진다.

창작이라는 신비한 행위는 가끔 예술가를 어떤 외적 힘의 전달자처럼 보이게 만든다. 가끔 작가들이 자신은 그저 '받아썼을 뿐'이라고 말할 때, 우리는 어떤 불가해한 재능이 작용했다고 믿게 된다. 그러나 이는 사실 불가해한 뭔가가 아닌 예술가의 축적된 경험이다. 예술가의 경험이 본인의 통제 너머까지 성장하면, 그것은 설명하기 어려운 방식으로 작용하게 된다. 말 그대로 손발이 스스로 움직이게 되는데, 그 움직임을 만들어내는 발상들은 몇 년 혹은 몇십 년 후에야 그 모습을 드러낸다.

세르반테스는 기사도 로맨스 문학을 조롱하기 위해《돈키호테》를 썼다. 세르반테스가 죽은 후 수 세기가 지난 지금, 기사도 문학은《돈키호테》와 관련되어서만 기억되고 있다. 시간이 흐르며 돈키호테라는 캐릭터는 개념적 깊이를 얻게 되었고, 이제는 'quixotic(돈키호테 같은, 비현실적인)'이라는 형용사 속에서 작가 자신이나 작가의 의도보다 더 오래 살아남았다.

우리는 예술적 결과물을 어느 정도 제어할 수 있을까? 아마 배변 운동의 결과물을 제어하는 것과 비슷한 수준일 것이다. 예술 작품은 배출물 자체의 형식보다 우리가 평소 소비해온 예술의 양과 질, 그리고 삶을 관찰해온 방식에 더 큰 영향을 받는다. 마지막으로 한 번 더 예술과 배변을 비유하

자면, 어느 정도 비어 있어야 소화가 잘되는 법이며, 너무 가득 차 있으면 섭취와 배출에 치여 건강한 사색에 잠길 수가 없다.

낯선 시선으로 스스로를 바라본다는 것

예술적 '웰빙well-being'은 제한된 능력과 끝없는 욕구 사이에서 균형을 맞추는 행위다. 도저히 맞출 수 없는 높은 기준을 세워두고 자신의 부족함을 한탄하면 비참함만 남을 뿐이다. 하지만 그렇다고 기준을 너무 낮게 잡으면 최소한의 도전과 성장만 하게 된다. 결코 해내지 못하리라는 걸 알면서도 불가능한 목표에 도전하고, 자괴감이나 자기연민에 빠지지 않은 채 그 결과를 진득하게 받아들일 수 있으려면 용기가 필요하다.

긴장을 너무 풀면 작업의 맛이 사라진다. 신중하게 적용된 적당량의 긴장감은 예술에 좋은 영향을 끼친다. 작업 중인 매체에 대한 약간의 실망감은 우리로 하여금 유행과 클리셰로부터 벗어나게 해준다. 사실, 이미 존재하는 예술이 우리의 욕구를 채워주고 있다면 다른 것을 만들기 위해 애써야 할 이유가 있겠는가?

적절한 평가를 위해서는 거리와 시간이 필요하다. 결과에 낙담하고 있는 동안에는 작품을 명확하게 보는 것이 거의 불가능하다. 시간이 흐르면 낙담은 걷히고 작품의 형태가 모습을 드러낸다. 창작의 고통은 분명 괴롭지만, 이는 어찌 보면 예술에 대한 열정을 보여주는 징표다. 이러한 열정을 잘 분석하여 활용한다면 긍정적이고 건설적인 무언가로 성장시킬 수 있다. 어쨌든 적어도 고통이 무관심보다는 낫다.

자기비평 없이는 좋은 아이디어도 완전히 표현될 수 없다. 자신의 작품을 제대로 평가하기 위해서는 내면의 비평가에게 시간을 충분히 주고 새로운 관점이 갖춰질 때까지 기다려야 한다.

소설가 플래너리 오코너Flannery O'Connor는 이렇게 말한 바 있다. "작가는 낯선 이의 눈으로, 낯선 이의 혹독함으로 자신을 평가해야 한다." 그 혹독함이 고통스러울 수도 있으나, 이는 창작 과정에서 잘 드러나지 않는 불만족의 신호인 경우가 많다. 내면의 비평가가 꿈 따위는 불태워버리라고, 하려고 했던 작업과 그 분야에 사죄하라고 말한다면 어떨까. 어떤 부분이 마음에 안 드는 건지 구체적으로 파악하고, 아예 접근법을 바꿔야 할지 부분적인 수정을 해야 할지 결정해야 한다. 오랫동안 내팽개쳐두었던 작품을 다시 평가하다 보면 지난번에는 거슬렸던 요소가 괜찮아 보일 때도 있고, 심지어 바로 그 요소가 영감을 주는 경우도 있다. 다재다능한 예술가에게 결점은 막다른 길이 아닌 새로운 스타일로 가는 단서가 될 수 있다.

내면의 비평가가 있다면 외부의 비평가, 즉 평론가들도 있다. 건설적인 비평을 받았을 경우에는 운이 좋았다고 생각

하면 된다. 그렇지 않았을 경우에는 아무것도 아니라고 생각하는 게 최선의 방책이다. 하지만 인간이란 지독히도 예민한 동물이다 보니 그러기가 쉽지 않다. 실내에서 선글라스를 쓰고 앉아 모든 일에 무관심한 척하는 괴짜들도 상처는 받는다. 그러나 다행스럽게도 시간과 반복은 아무리 무자비한 공격도 가벼운 에피소드로 만들어준다. 부정적인 평가도 여러 번 듣다 보면 충격이 줄어들고, 언젠가는 중요한 요점만 취하고 나머지는 무시할 수 있게 된다.

공모전과 대회는 작품의 예술적 가치보다 트렌드와 여론을 더 중요시하기 때문에 변덕스러울 수밖에 없다. 그러나 만약 예술가가 인정받지 못하리라는 것을 분명히 알면서도 자신의 작업을 계속해나갈 의지가 있다면, 그 작업은 충분히 할 만한 가치가 있다.

하지만 그렇다고 공모전과 대회를 굳이 피해야 할 이유는 없다. 공모전은 예술가로서의 경력을 발전시키고 재미있는 연설을 할 좋은 기회가 되어준다. 그러나 인정받고 싶다는 욕구가 예술적 결정에 영향을 주기 시작하면 문제가 될 수 있다.

매 순간 무수한 이야기가 우리 눈앞을 지나간다

아무것도 아닌 일을 한다는 것이 쓸데없는 일을 한다거나 헛된 시간을 보낸다는 의미는 아니다. 그것은 수동적일 수도, 능동적일 수도, 혹은 양쪽 모두일 수도 있다.

예를 들어 책장 정리는 능동적인 예술적 훈련이 될 수 있다. 메리 루에플은 책을 장르별로 정리할 것이 아니라 책등의 색깔에 따라 정리해볼 것을 제안한다. 팬톤Pantone 색채표에서 견본을 하나 떼어놓고 보면 그저 하나의 색깔일 뿐이지만, 그 옆에 다른 견본을 놓으면 처음의 견본은 완전히 새로운 색으로 보인다. 두 견본 사이의 여백은 팔레트의 한 부분이 될 수 있고, 두 색상의 조합은 이 책의 일러스트가 보여주듯 제3의 색을 만들어낼 수 있다. 이와 마찬가지로 책은 서로 단절된 정보의 보관함이 아니다. 책들은 서로 대화하고 논쟁하며, 검토하는 순서와 방식에 따라 음색과 음조가 달라진다.

조르주 페렉의 평범한 것들에 대한 사랑은《파리의 한 장소를 샅샅이 다루고자 하는 시도Tentative d'épuisement d'un lieu parisien》에 가장 선명하게 표현되어 있다. 짧은 관찰문을 모은 이 책은 생-쉴피스 광장에 있는 한 카페에서 쓰였다. 페렉은 이 작품에서 평소에는 눈에 잘 띄지 않는 사소한 것들, 우연한 몸짓과 신호들, 버스의 행렬, 비둘기와 사람들의 움직임 같은 것들에 집중했다. 창밖을 바라보는 수동적인 행위도 우리가 미처 다 쓰지 못할 만큼 많은 소재를 던져준다. 매 순간 그야말로 무수한 이야기가 우리의 눈앞을 지나간다. 그 이야기의 장르가 무엇이 될지, 얼마나 복잡한 이야기가 될지는 전적으로 우리의 상상에 달려 있다.

레지널드 브레이W. Reginald Bray는 자신의 기행에 예술

적 가치를 부여하지 않았지만, 지금이라면 그의 행위가 유쾌한 전위 예술로 받아들여질 것이다. 1898년에 우체국 안내책자를 한 부 구입한 브레이는 영국 우편 제도의 한계를 시험해보고자 다루기 힘든 소포를 보내보기로 결심했다. 그가 보낸 소포 중에는 순무, 자전거펌프, 해조류가 있고, 나중에는 자신의 개를 보내다 못해 자기 자신을 우편으로 부치기까지 했다. 예술적 열망이 아닌 재미를 위해 한 행동이었지만, 그의 유별난 취미는 확실히 예술적이고 고급스럽다. 행위와 무위가 적절히 섞인 그의 행동은 오직 유쾌하고 한가한 마음에서만 나올 수 있다.

삶은 부조리하고 복잡하다. 가끔 삶을 이해하는 유일한 방법은 삶을 한층 더 복잡하게 만들고 그 결과로 빚어지는 혼란을 즐기는 것이다. 루에플이 제안한 것처럼 물건을 비효율적인 방식으로 정리해보는 건 확실히 합리적인 행동이 아니지만 우리의 일상에 새로운 색깔을 더해준다.

에필로그

우리의 삶은 대단치 않지만

이 책의 작은 결론을 대신해 우리 자신의 결론, 즉 침대에 누워 임종을 맞이하는 모습을 생각해보자. 물론 그러기 위해서는 우리의 마지막을 위한 침대가 준비되어 있으리라는 가정이 충족되어야 한다. 또한 우리의 죽음이 갑작스럽게 찾아오지 않고, 삶의 마지막 이야기를 할 수 있을 만큼 적절한 속도로 다가오리라는 가정도 충족되어야 한다. 음울한 광경이기는 하지만, 이러한 상상은 우리로 하여금 삶을 소중하게 만들어주는 요소가 무엇인지 다시금 떠올리게 해준다. 죽음을 눈앞에 둔 마지막 순간에 학점이나 상장, 승진을 회상하며 흐뭇해하는 모습을 상상할 수 있는가.

우리에게 더 큰 기억을 남기는 것은 우리 자신보다 더 큰 무언가를 잠시나마 엿보게 해주는, 그 흔치 않은 깨달음의 순간들이다. 이러한 순간들이 창작으로 이어지지 않았다고 하더라도 그것들의 가치는 변하지 않는다. 낭비된 시간들도 기억할 수만 있다면 그만한 가치가 있다.

우리의 삶은 대단치 않지만, 무한한 가능성이 삶의 이야기를 관통해 흐르고 있다. 하지만 우리가 알 수 있는 것은 그것이 품고 있는 가치의 한 조각일 뿐이다. 그럼에도 우리는 삶이 수평선 너머로 흩어지고 갈라지기 전까지, 우리의 손아귀를 영원히 벗어나기 전까지 그것이 만들어내는 이야기들 중 하나를 따라갈 수 있다.

일과를 마치고 이런저런 생각을 정리하다 보면 좋은 것도, 나쁜 것도, 둘 다인 것도 있을 것이다. 물론 아무것도 없을 수도 있다. 만약 이 경우라면 오늘은 별일 없었다고 써도 된다.

상관없다.

참고문헌

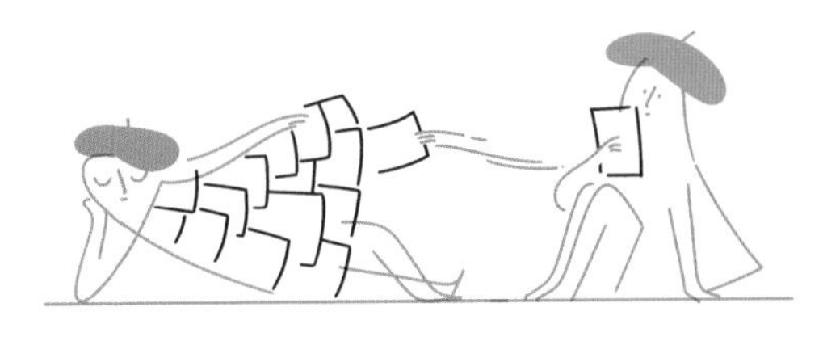

Aguilar, Andrea and Johanne Fronth-Nygren. "Lydia Davis, Art of Fiction No. 227." *The Paris Review* 212, Spring 2015.

Aira, César. *The Literary Conference*. New York: New Directions, 2010.

Aira, César. *Varamo*. New York: New Directions, 2012.

Bachelard, Gaston. *The Poetics of Space*. Translated by Maria Jolas. New York: Penguin, 2014.

Bair, Deirdre. *Saul Steinberg: A Biography*. New York: Random House, 2012.

Barry, Lynda. *What It Is*. Montreal, QC: Drawn and Quarterly, 2008.

Baudelaire, Charles. *The Painter of Modern Life and Other Essays*. Translated by Jonathan Mayne. London: Phaidon Press, 1964.

Beckett, Samuel. *The Letters of Samuel Beckett*. Cambridge: Cambridge University Press, 2011.

Benjamin, Walter. *Illuminations: Essays and Reflections*. Translated by Harry Zohn. New York: Schocken, 1969.

Benjamin, Walter. *One-Way Street*. Translated by Edmund Jephcott. Cambridge, MA: Harvard University Press, 2016.

Benjamin, Walter. *Reflections: Essays, Aphorisms, Autobiographical Writings*. Translated by Edmund Jephcott. New York: Schocken, 1986.

Blistein, Jon. "Watch Iggy Pop Talk Stooges' Ethos in 'Gimme Danger' Trailer." *Rolling Stone*, September 2016. https://www.rollingstone.com/movies/news/watch-iggy-pop-talk-stooges-ethos-in-gimme-danger-trailer-w442720

Bolaño, Roberto. *2666*. Translated by Natasha Wimmer. London: Macmillan, 2009.

Bolaño, Roberto. *The Insufferable Gaucho*. Translated by Chris Andrews. New York: New Directions, 2013.

Borges, Jorge Luis. *Collected Fictions*. Translated by Andrew Hurley. New York: Penguin Books, 1999.

Brunetti, Ivan. *Aesthetics: A Memoir*. New Haven, CT: Yale University Press, 2013.

Brunetti, Ivan. *Cartooning: Philosophy and Practice*. New Haven, CT: Yale University Press, 2011.

Calle, Sophie and Kimberly Chou. "Sophie Calle: Remembrance of Gardner Paintings Lost." *ARTnews*, November 2013.

Calvino, Italo. *Invisible Cities*. Translated by William Weaver. Boston: Houghton Mifflin Harcourt, 1978.

Calvino, Italo. *Six Memos for the Next Millennium*. Translated by Geoffrey Brock. Boston: Houghton Mifflin Harcourt, 2016.

Carroll, Lewis. *Sylvie and Bruno Concluded*. London: Macmillan, 1893.

Carroll, Lewis. *The Hunting of the Snark*. London: Tate Publishing, 2011.

Carson, Anne. *Float*. New York: Knopf, 2016.

Cervantes, Miguel. *Don Quixote*. Translated by John Rutherford. London: Penguin Classics, 2003.

Coover, Robert. *A Night at the Movies Or, You Must Remember This*. Mclean, IL: Dalkey Archive Press, 1992.

Cruz, Ted. Twitter, 2014. https://twitter.com/tedcruz/status/498211667818586112

Davis, Lydia. *Can't and Won't*. New York: Picador, 2015.

Debord, Guy. *The Society of the Spectacle*. Translated by Ken Knabb. London: Black & Red, 2000.

Dickens, Charles. *The Uncommercial Traveller*. Oxford: Oxford University Press, 2015.

Doran, John. "Messing Up the Paintwork: This Nation's Saving Grace Revisited." *The Quietus*, January 2011. http://thequietus.com/articles/05559-this-nations-saving-grace-the-fall

Eliot, T. S. *Selected Essays*. London: Faber & Faber, 1999.

Elkin, Lauren. *Flâneuse: Women Walk the City in Paris, New York, Tokyo, Venice, and London*. London: Chatto & Windus, 2016.

Ellmann, Richard. *James Joyce*. Oxford: Oxford University Press, 1959.

Fact Magazine. "Matmos' new album Ultimate Care II is sampled entirely from a washing machine." *Fact Magazine*, Nov. 6, 2015. http://www.factmag.com/2015/11/06/matmos-ultimate-care-ii-sampled-entirely-from-a-washing-machine/

Father Ted: Hell. Directed by Declan Lowney, written by Graham Linehand and Arthur Mathews. London: Hat Trick Productions, 1996.

Galchen, Rivka. "The Profound Empathy of Yoko Tawada." *The New York Times Magazine*, Oct. 27, 2016.

Gann, Kyle. *No Such Thing as Silence: John Cage's 4'33"*. New Haven: Yale University Press, 2011.

Garréta, Anne. *Sphinx*. Translated by Emma Ramadan. Dallas: Deep Vellum Publishing, 2015.

Goblet, Dominique and Nikita Fossoul. *Chronographie*. Paris: L'Association, 2010.

Green, Dennis. "How a $12 Million Monet Painting Was Fully Restored After a Man Punched It." *Business Insider*, Jan. 26, 2015. http://www.businessinsider.com/monet-painting-restored-after-punching-2015-1

Gruen, John. "Agnes Martin: 'Everything, everything is about feeling ... feeling and recognition.'" *ARTnews*, September 1976.

Hensley, Tim. *NSFW*. Blog Flume, May 8, 2015. https://blogflumer.blogspot.com.es/2010/05/nsfw.html

Hergé. *Tintin in the Land of the Soviets*. Translated by Leslie Lonsdale-Cooper and Michael Turner. New York: Little, Brown Books, 2007.

Herriman, George. *Krazy & Ignatz*. Seattle: Fantagraphics, 2011.

Horowitz, Steven J. "Sir Mix-A-Lot on Nicki Minaj's 'Anaconda,' Booty Fever & New Music." *Billboard*, Sept. 12, 2014. http://www.billboard.com/articles/columns/the-juice/6251411/sir-mix-a-lot-on-nicki-minajs-anaconda-booty-fever-new-music

Hsieh, Tehching and Adrian Heathfield. *Out of Now: The Lifeworks of Tehching Hsieh*. Cambridge, Mass.: The MIT Press, 2015.

Jansson, Tove. *Moomin: The Complete Tove Jansson Comic Strip*. Montreal: Drawn & Quarterly, 2006.

Joyce, James. *A Portrait of the Artist as a Young Man*. New York: Penguin Classics, 2003.

Joyce, James. *Finnegans Wake*. London: Penguin Classics, 1999.

Joyce, James. *Ulysses*. New York: Vintage, 1990.

Kafka, Franz. *Aphorisms*. Translated by Willa and Edwin Muir and Michael Hofmann. New York: Schocken, 2015.

Kafka, Franz. *Diaries, 1910-1923*. Translated by Joseph Kresh and Martin Greenberg with Hannah Arendt. New York: Schocken, 1988.

Kafka, Franz. *Metamorphosis and Other Stories*. Translated by Michael Hofmann. New York: Penguin Classics, 2008.

Kharms, Daniil. *Complete Works*. Moscow: Azbuka, 2015.

Lee, Douglas. *Masterworks of 20th-Century Music: The Modern Repertory of the Symphony Orchestra*. New York: Routledge, 2002.

Lee, Stewart. *How I Escaped My Certain Fate: The Life and Deaths of a Stand-Up Comedian*. London: Faber & Faber, 2011.

Lewallen, Constance. *500 Capp Street: David Ireland's House*. Oakland: University of California Press, 2015.

Lispector, Clarice. *The Complete Stories*. Translated by Katrina Dodson. New York: New Directions, 2015.

Markson, David. *Wittgenstein's Mistress*. McLean, IL: Dalkey Archive Press, 2006.

McNaught, Jon. *Dockwood*. London: Nobrow Press, 2012.

Mercier, Vivian. "The Uneventful Event." *The Irish Times*, Feb. 18, 1956.

Montalbetti, Christine. *Western*. McLean, IL: Dalkey Archive Press, 2009.

Doherty, Mark, and Murphy, Barry, writers and editors. *Soupy Norman*. Eight-part miniseries, aired May 24, 2007, to July 12, 2007, on RTÉ Two. http://www.rte.ie/tv/soupynorman/

Nabokov, Vladimir. *Lectures on Literature*. Boston: Houghton Mifflin Harcourt, 2002.

Nabokov, Vladimir. *Speak, Memory: An Autobiography Revisited*. New York: Knopf, 1989.

Newgarden, Mark and Paul Karasik. "How to Read *Nancy*: The Best of Ernie Bushmiller's *Nancy*." 1988. http://www.laffpix.com/howtoreadnancy.pdf

O'Brien, Flann. *At Swim-Two-Birds*. McLean, IL: Dalkey Archive Press, 2005.

O'Connor, Flannery. *Mystery and Manners: Occasional Prose*. London: Macmillan, 1970.

Oltermann, Phillip. "Jenny Erpenbeck: 'People in the West Were Much More Easily Manipulated.'" *The Guardian*, June 6, 2015. https://www.theguardian.com/books/2015/jun/06/jenny-erpenbeck-interview-time

Perec, Georges. *A Void*. Translated by Gilbert Adair. Boston: David R. Godine, 2005.

Perec, Georges. *An Attempt at Exhausting a Place in Paris*. Translated by Marc Lowenthal. Adelaide, Australia: Wakefield Press, 2010.

Perec, Georges. *Life a User's Manual*. Translated by David Bellos. Boston: David R. Godine, 2009.

Perec, Georges. *Species of Spaces and Other Pieces*. Translated by John Sturrock. London: Penguin, 1997.

Phaidon. "The Guggenheim's Jeffrey Weiss talks On Kawara." Phaidon, February 2015. http://es.phaidon.com/agenda/art/articles/2015/february/06/the-guggenheims-jeffrey-weiss-talks-on-kawara/

Proust, Marcel. *In Search of Lost Time*. Translated by C.K. Scott Moncrieff, Terence Kilmartin, and Andreas Mayor. New York: Modern Library, 2013.

Queneau, Raymond. *Exercises in Style*. Translated by Barbara Wright. New York: New Directions, 2013.

Roussel, Raymond. *Locus Solus*. Translated by Rupert Copeland Cunningham. Richmond: Alma Books, 2012.

Ruefle, Mary. *Madness, Rack, and Honey*. Seattle: Wave Books, 2012.

Sante, Luc. *The Other Paris*. New York: Farrar, Straus and Giroux, 2015.

Saroyan, Aram. *Complete Minimal Poems*. Brooklyn, N.Y.: Ugly Duckling Presse, 2007.

Schrauwen, Olivier. *Arsene Schrauwen*. Seattle: Fantagraphics, 2014.

Scholle, Ellen M. "Oral history interview with Edward M. M. Warburg." Archives of American Art Oral History, May 13, 1971.

Sebald, W. G. *The Rings of Saturn*. Translated by Michael Hulse. New York: New Directions, 1999.

Solnit, Rebecca. *A Field Guide to Getting Lost*. New York: Penguin Books, 2006.

Sōseki, Natsume. *I Am a Cat*. Translated by Aiko Ito and Graeme Wilson. Rutland, VT: Tuttle Classics, 2006.

Sterne, Laurence. *The Life and Opinions of Tristram Shandy, Gentleman*. London: Visual Editions, 2011.

Testard, Jacques. "Interview with Deborah Levy." *The White Review* 8, August 2013.

Tingey, John. *The Englishman Who Posted Himself and Other Curious Objects*. Princeton: Princeton Architectural Press, 2010.

Tomkins, Calvin. *Duchamp: A Biography*. New York: The Museum of Modern Art, 2013.

Toussaint, Jean-Philippe. *Urgency and Patience*. Translated by Edward Gauvin. McLean, IL: Dalkey Archive Press, 2015.

Turchi, Peter. *Maps of the Imagination*. San Antonio, TX: Trinity University Press, 2007.

Turner, Elizabeth Hutton and Oliver Wick. *Calder, Miró*. London: Philip Wilson, 2004.

Valéry, Paul. *Degas, Manet, Morisot*. Translated by David Paul. Princeton, NJ: Princeton University Press, 1960.

Walser, Robert. *Microscripts*. Translated by Susan Bernofsky. New York: New Directions, 2012.

Woolf, Virginia. *Street Haunting and Other Essays*. London: Vintage Classics, 2014.

다음 분들께 감사의 말을 전한다.

아무것도 아닌 일을 하는 것에 대한 강연을 하게 해준 ICON 콘퍼런스 관계자들.

강연의 내용을 책으로 묶어 내자고 제안해준 브리지트 왓슨 페인.

이 책의 편집을 맡아준 미라벨 콘.

이 책의 디자인을 맡아준 브룩 존슨.

이 책의 광고를 맡아준 피터 멘델선드.

오랫동안 연체료 1.1달러를 내지 않았음에도 불구하고

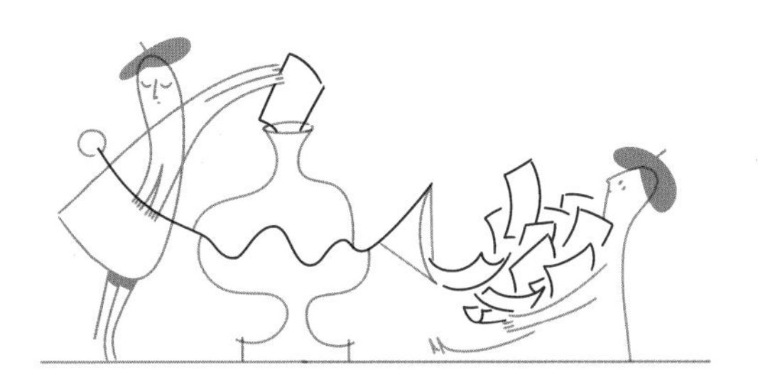

이 책에 언급된 거의 모든 책들을 대여해준 샌프란시스코 도서관.

이 책에 언급된 모든 이들. 이유는 모두가 알리라.

이 책을 읽어준 독자, 바로 당신.(책의 내용은 건너뛰고 혹시 자기가 언급되었는지 보려고 감사의 말부터 읽는 특이한 독자가 아니라는 가정하에.)

이 책을 위해 조언과 지식을 제공해준 소피아 포스터 디미노, 대니얼 레빈 베커, 마샤 쿠즈네트초바, 라이언 샌즈, 헬렌 핸콕스, 카트리나 도지슨, 니콜 루딕, 조애나 월시, 아이반 자오, 그리고 지금은 세상에 없는 나의 고양이 유스터스.

옮긴이 정영은

서강대학교에서 영미문학과 문화를 전공했으며, 이화여자대학교 통번역대학원을 졸업한 후 교육부와 정보통신산업진흥원에서 상근 통번역사로 근무했다. 현재 번역에이전시 엔터스코리아에서 출판기획자 및 전문번역가로 활동 중이다. 옮긴 책으로는《키르케고르 실존 극장》《아이들의 시간: 세계 유명 작가 27인의 어린 시절 이야기》《믿는 만큼 보이는 세상》《모두에게 사랑받을 필요는 없다》《적에서 협력자로》《내게 비밀을 말해봐!》《레키지: 그 섬에서》 등이 있다.

실은 무언가를 하고 있는 고양이처럼
때론 아무것도 하지 않는 것이 더 괜찮은 이유

초판 1쇄 발행 2018년 8월 17일

지은이 로만 무라도프
옮긴이 정영은
펴낸이 성의현
펴낸곳 미래의창

책임편집 이준호
디자인 공미향

등록 제10-1962호(2000년 5월 3일)
주소 서울시 마포구 잔다리로 62-1 미래의창빌딩(서교동 376-15, 5층)
전화 02-338-5175 **팩스** 02-338-5140
ISBN 978-89-5989-535-9 03100

※ 책값은 뒤표지에 있습니다. 잘못된 책은 서점에서 바꿔드립니다.

이 도서의 국립중앙도서관 출판예정도서목록(CIP)은 서지정보유통지원시스템 홈페이지(http://seoji.nl.go.kr)와 국가자료공동목록시스템(http://www.nl.go.kr/kolisnet)에서 이용하실 수 있습니다.(CIP제어번호: 2018022769)